# KREATIVE**ARPEGGIO**
# PHRASIERUNG**FÜR**GITARRE

Lerne Arpeggio-Substitutionen, Skalensequenzen und chromatische Techniken mit Greg Howe

GREG**HOWE**

FUNDAMENTAL**CHANGES**

# Kreative Arpeggio-Phrasierung für Gitarre

## Lerne Arpeggio-Substitutionen, Skalensequenzen und chromatische Techniken mit Greg Howe

ISBN: 978-1-78933-479-1

Herausgegeben von **www.fundamental-changes.com**

Copyright © 2025 Fundamental Changes Ltd.

Von Greg Howe, Joseph Alexander und Tim Pettingale

Übersetzt von Daniel Friedrich

Über 350 kostenlose Gitarrenstunden mit Videos findest du unter:

**www.fundamental-changes.com**

Tritt unserer kostenlosen Facebook-Community cooler Musiker bei

**www.facebook.com/groups/fundamentalguitar**

Markiere uns für einen Beitrag auf Instagram: **FundamentalChanges**

Copyright Titelbild: Autorenfoto, mit Genehmigung verwendet

# Inhalt

Über die Autoren ....................................................................................4

Einführung ...........................................................................................6

Download der Audiodateien ......................................................................7

Kapitel 1: Einführung in überlagerte Arpeggios .............................................8

Kapitel 2: Greg Howe Skalenformen .........................................................31

Kapitel 3: Aufsteigende Linien gestalten ....................................................41

Kapitel 4: Absteigende Linien gestalten .....................................................55

Kapitel 5: Chromatische Ideen und weitere Formen ......................................62

Kapitel 6: Rhythmus & Phrasierung ..........................................................74

Kapitel 7 : Cross-Rhythm-Motive .............................................................80

Kapitel 8: Performance-Analyse ...............................................................91

Fazit...................................................................................................99

# Über die Autoren

## Greg Howe

Greg Howe gilt als einer der innovativsten und einflussreichsten Vertreter der modernen E-Gitarre. Mit seiner Mischung aus Rock, Fusion, Funk und Jazz, gepaart mit technischer Meisterschaft und rhythmischer Raffinesse, hat sein Spiel das Vokabular unzähliger Musiker über mehrere Generationen hinweg geprägt. Seit seinem explosiven Debüt bei Shrapnel Records im Jahr 1988 hat Greg die Grenzen der Gitarre immer wieder neu definiert und genießt großes Ansehen sowohl für seine Virtuosität als auch musikalische Tiefe.

Neben seinen gefeierten Soloalben hat Greg mit einigen der größten Namen der Musikindustrie zusammengearbeitet und ist mit ihnen auf Tournee gegangen. Er hat unter anderem mit Michael Jackson, Justin Timberlake, Enrique Iglesias und Rihanna gespielt oder Aufnahmen gemacht und seinen unverwechselbaren Stil in Arenen auf der ganzen Welt gebracht. Diese prominenten Auftritte zeugen nicht nur von seinem technischen Können, sondern auch von seiner musikalischen Vielseitigkeit und dem Respekt, den er bei seinen Kollegen genießt.

Gregs Bedeutung liegt in seiner einzigartigen Mischung aus harmonischer Raffinesse, rhythmischer Komplexität und melodischer Phrasierung. Während viele Spieler vor allem nach Geschwindigkeit streben, war Gregs Ansatz schon immer in Ausdruck und Groove verwurzelt. Seine überlagerten Arpeggios, kreativen Skalenformen und Phrasierungsideen sind Teil des modernen Fusion-Repertoires geworden und beeinflussen alle, von Progressive-Metal-Gitarristen bis hin zu Jazz-Funk-Improvisatoren.

**Über das Spielen hinaus ist Greg auch ein leidenschaftlicher Pädagoge. Seine Workshops, M**asterclasses und Lehrmaterialien haben Tausenden von Gitarristen geholfen, neue Dimensionen in ihrem Spiel zu erschließen. Er hat die Gabe, fortgeschrittene Konzepte auf brauchbare musikalische Werkzeuge herunterzubrechen – etwas, das dieses Buch ausführlich demonstriert.

Greg geht weiterhin auf Tour, nimmt Alben auf und arbeitet mit Künstlern verschiedener Genres zusammen, wobei er sich ständig weiterentwickelt und gleichzeitig seiner Stimme treu bleibt. Ob auf einer großen Bühne oder in den Tiefen des Studios, sein Spiel ist ein Meisterkurs in Musikalität, Kreativität und Kontrolle. Für ernsthafte Gitarristen bleibt sein Werk unverzichtbar.

## Joseph Alexander

Joseph Alexander ist einer der produktivsten und angesehensten Autoren und Verleger im Bereich der Musikpädagogik weltweit. Als Gründer von Fundamental Changes hat er die Art und Weise, wie Musiker lernen, verändert, indem er klare, strukturierte und leicht zugängliche Bücher anbietet, die sich weltweit über zwei Millionen Mal verkauft haben. Seine Arbeit umfasst verschiedene Genres und Instrumente, aber sein Schwerpunkt liegt seit jeher darauf, Musikern dabei zu helfen, die Lücke zwischen Theorie und praktischer Anwendung zu schließen.

Joseph, der schon sein ganzes Leben lang Gitarrist und Lehrer ist, fing an, selbst Unterrichtsmaterial zu schreiben, nachdem er jahrelang Privatunterricht gegeben hatte und immer wieder auf die gleichen Probleme bei seinen Schülern stieß: verwirrende Theorie, zusammenhanglose Übungen und ein Mangel an musikalischem Kontext. Die Klarheit und Effektivität seiner Materialien erregten schnell Aufmerksamkeit. Innerhalb weniger Jahre entwickelte sich Fundamental Changes zu einer globalen Plattform mit einem Katalog, der alles von Blues und Jazz bis hin zu Metal und klassischer Gitarre abdeckt.

Joseph hat mit einigen der angesehensten Musiker und Pädagogen der Welt zusammengearbeitet, darunter Martin Taylor, Josh Smith, Robben Ford, Mike Stern und Matt Heafy von Trivium. Er fühlt sich nun geehrt, bei diesem Projekt mit Greg Howe zusammenzuarbeiten.

Seine Fähigkeit, komplexe musikalische Konzepte in strukturierte, leicht verständliche Bücher umzusetzen, hat ihn zu einem vertrauten Namen in der Musikpädagogik gemacht. Die Titel von Fundamental Changes werden mittlerweile von Lehrern, Schulen und Musikern in über 100 Ländern genutzt.

Als Verleger ist Joseph dafür bekannt, dass er Musiker an erste Stelle setzt. Sein Unternehmen hat Dutzenden von Autoren die Möglichkeit gegeben, ihre Ideen in einem unterstützenden und professionellen Umfeld zu teilen, und ihnen dabei geholfen, ein globales Publikum zu erreichen, ohne Kompromisse eingehen zu müssen. Ob er nun sein eigenes Material schreibt oder die Werke anderer produziert, sein Ziel ist immer dasselbe: hochwertigen Musikunterricht für alle zugänglich zu machen.

# Einführung

Um es in einem Satz zusammenzufassen: In diesem Buch geht es darum, wie man beim Solospiel coolere Noten spielt. Hast du jemals deinen Lieblingsgitarristen zugehört und gedacht: „Wow, wie schaffen sie es, diese fantastischen Melodielinien zu spielen?" Die Antwort auf diese Frage könnte viel einfacher sein, als du denkst.

In diesem Buch werden wir uns intensiv mit den Konzepten befassen, die mein Spiel im Laufe der Jahre geprägt haben, und ich werde dir einige einfache (aber unglaublich wirkungsvolle) Gitarren-Hacks zeigen, die ich gelernt habe und die deine Soli, wenn du sie anwendest, sofort vom Gewöhnlichen abheben.

Du wirst fast sofort viel bewusster mit deiner Notenauswahl umgehen, und die Zuhörer werden den Eindruck haben, dass du komplexer denkst als die meisten anderen Spieler, auch wenn das gar nicht der Fall ist. Das Beste daran ist, dass du dich dafür nicht mit fortgeschrittener Theorie und Harmoniekonzepten auseinandersetzen musst – einen Großteil dieser Arbeit habe ich bereits für dich erledigt.

Im Laufe dieses Buches wirst du feststellen, dass du die Konzepte effektiv anwenden kannst, noch bevor du sie vollständig verstanden hast. Ich sage das mit Zuversicht, weil ich seit über 30 Jahren Gitarre unterrichte und in dieser Zeit Hunderte von Schülern gesehen habe, die diese Tricks schnell und erfolgreich angewendet haben – oft noch bevor die Unterrichtsstunde zu Ende war.

Diese Konzepte machen Spaß und sind einfach anzuwenden. Und wenn ich eines mit Sicherheit weiß, dann ist es, dass du umso mehr Zeit mit deiner Gitarre verbringst, je mehr Spaß du beim Üben hast. Und je mehr Zeit du mit deinem Instrument verbringst, desto schneller wirst du dein Spiel auf ein neues Level bringen.

## Das Kernkonzept dieses Buches

Hier ist die Prämisse für die folgenden Lektionen: Als Solist kommt der Großteil meiner Sprache aus der Entwicklung melodischer Ideen, die auf Arpeggios basieren.

Viele Leute denken, dass ich, wenn ich über einen A-Moll-Groove soliere, irgendeine Art von A-Moll-Arpeggio spiele, wie zum Beispiel Am7. Tatsächlich wäre das aber das Arpeggio, das ich in diesem Szenario am wenigsten gerne verwenden würde.

Der Grund dafür ist der Grund, warum es dieses Buch gibt!

Wenn ich über einen A-Moll-Vamp solo spiele, wirst du viel eher Em7-, GMaj7-, CMaj7- oder F#m7b5-Arpeggios von mir hören.

Dieses Buch erklärt, warum es diese melodischen Optionen (und noch mehr) gibt und wie man sie für raffinierte Linien nutzen kann. Ich zeige dir, wie ich diese Arpeggios auf dem Griffbrett arrangiere, um diese erweiterten Sounds zu erreichen. Du wirst schnell verstehen, dass es sich dabei nur um musikalische *Strukturen* (wie die Moll-Pentatonik) handelt, die du als „Gerüst" nutzen kannst, um die Skalen-Sprache in deinen Soli zu unterstützen.

Als ich die Gitarren-Hacks in diesem Buch zum ersten Mal entdeckt habe, hat sich mein Spiel sofort dramatisch verbessert. Jetzt ist es an der Zeit, diese Ideen an dich weiterzugeben – mit minimaler Theorie, ohne Barrieren und sofortiger Anwendbarkeit in deiner Musik.

Ich bin überzeugt, dass du diese Reise inspirierend und lohnenswert finden wirst.

*Greg*

# Download der Audiodateien

Die Audiodateien zu diesem Buch kannst du kostenlos unter **www.fundamental-changes.com** herunterladen. Der Link befindet sich in der oberen rechten Ecke. Klicke auf den Link „Guitar", wähle dann einfach den Titel dieses Buches aus dem Dropdown-Menü aus und folge den Anweisungen, um die Audiodateien zu erhalten.

Wir empfehlen dir, die Dateien direkt auf deinen Computer (nicht auf dein Tablet oder Smartphone) herunterzuladen und dort zu extrahieren, bevor du sie zu deiner Medienbibliothek hinzufügst. Bei Schwierigkeiten bieten wir dir innerhalb von 24 Stunden technischen Support über das Kontaktformular.

Über 350 kostenlose Gitarrenstunden mit Videos findest du unter:

**www.fundamental-changes.com**

Tritt unserer kostenlosen Musiker-Community auf Facebook bei

**www.facebook.com/groups/fundamentalguitar**

Markiere uns für einen Beitrag auf Instagram: **FundamentalChanges**

# Kapitel 1: Einführung in überlagerte Arpeggios

Dieses Kapitel nimmt dich mit auf eine kurze Reise, die wahrscheinlich deine gesamte Herangehensweise an das Solospiel und die Komposition auf der Gitarre verändern wird. Ich werde die Ideen, die ich in der Einleitung angedeutet habe, näher ausführen und dir zeigen, wie du *überlagerte* Arpeggios verwenden kannst, um reichhaltige, durchdachte Klangfarben in deinen Soli zu erzeugen.

Zuerst muss ich dir die Arpeggio-Formen zeigen, die ich benutze, weil diese Fingersätze das Rückgrat meines Sounds bilden und ein wesentlicher Bestandteil meines Stils sind. Die gute Nachricht ist, dass es nur vier wichtige Arpeggio-Formen zu lernen gibt:

- Dur 7

- Moll 7

- Dominant 7

- Moll 7b5 (auch als halbvermindert bekannt)

Ich ordne fast jedes Arpeggio, das ich spiele, auf einheitliche Weise über die Saiten an. Ich lege den Grundton des Arpeggios fast immer auf die fünfte Saite und spiele

- **Zwei** Noten auf der fünften Saite

- **Eine** Note auf der vierten

- **Zwei** Noten auf der dritten

- **Eine** Note auf der zweiten

- **Zwei** Noten auf der ersten

Dieses 2 1 2 1 2-Muster ist eine konsistente und zuverlässige Methode, um jedes Arpeggio auf der Gitarre anzuordnen. (Manchmal füge ich eine zusätzliche Note oben auf der ersten Saite hinzu, um ein bisschen mehr musikalischen Spielraum zu haben).

Dieses Muster ist nicht nur eine effiziente und leicht zu merkende Art, ein Arpeggio zu greifen, sondern bildet auch einen Rahmen für mein Spiel, um den herum ich Skalen- oder chromatische Außentöne (*outside notes*) hinzufügen kann, um coole Licks zu erzeugen – etwas, das wir in einem späteren Kapitel behandeln werden.

Besonders die beiden Noten auf der dritten Saite sind oft der Startpunkt, von dem aus ich flüssig zwischen Arpeggio- und Skalenformen wechseln kann, die sich auf dem Griffbrett nach oben oder unten bewegen.

Im Folgenden zeige ich dir die vier Formen, die ich verwende. Lerne sie gründlich, denn du wirst viel mit ihnen arbeiten, bevor sie sie vielleicht auch zur Grundlage deines Spiels werden.

Die Zahlen in den Kreisen zeigen, welche Finger ich benutze, um mich schnell und einfach über das Griffbrett zu bewegen. Am Anfang fühlt es sich vielleicht etwas ungewohnt an, aber du wirst dich schnell daran gewöhnen. In späteren Kapiteln basieren viele Licks und Ideen auf diesen Fingersätzen, daher empfehle ich dir, sie zu benutzen, wenn du kannst.

Wir spielen jedes Arpeggio mit einem E als Grundton, damit du die Formen klar visualisieren und vergleichen kannst.

NB: Wenn ich den Umfang eines Arpeggios durch Hinzufügen einer Note erweitere (wie am Anfang von Takt vier, wo ich den Grundton zur Form am 12. Bund hinzufüge), spiele ich diese Note normalerweise mit meinem kleinen Finger und einer schnellen Positionsverschiebung. Ich habe ziemlich hart daran gearbeitet, es so klingen zu lassen, als würde ich meine Position nicht verändern!

Ich benutze meinen kleinen Finger auf diese Weise, um die Handspreizung zu vermeiden, die nötig wäre, wenn ich diese Note mit meinem dritten Finger spielen würde. Je höher du dich auf dem Griffbrett befindest, desto einfacher wird es natürlich, stattdessen den dritten Finger zu benutzen, wenn du das bevorzugst. Aber es ist wichtig, den „Pinkie Shift" (Wechsel auf den kleinen Finger) in den unteren Bereichen des Halses zu benutzen, um deine Greifhand nicht zu sehr zu belasten.

In diesem Bereich des Halses könnte die Em7-Form auf beide Arten gespielt werden, aber ich habe mich dafür entschieden, sie als Pinkie Shift zu notieren, weil ich sie meistens so spiele.

**Beispiel 1a – Em7-Form**

**Beispiel 1b – Emaj7-Form**

Die Dominant-7-Form in diesem Bereich des Halses ist eine, bei der ich die Finger 1, 3 und 4 benutze, um die zusätzliche Note zum Arpeggio hinzuzufügen.

**Beispiel 1c – E7-Form**

Für die Moll-7b5-Form sind wir wieder beim Pinkie Shift, der in dieser Form mehr Genauigkeit beim Griff- und Positionswechsel erfordert.

**Beispiel 1d – Em7b5-Form**

Deine erste Aufgabe besteht darin, diese vier Arpeggio-Fingersätze zu üben und zu verinnerlichen, bis sie dir in Fleisch und Blut übergegangen sind. Arbeite mit einem Metronom und spiele sie sauber und gleichmäßig. Ein nützliches Ziel ist es, sie flüssig in 1/16-Noten mit 100 Schlägen pro Minute (bpm) spielen zu können. Wenn du diese Arpeggio-Formen beherrschst, können wir zum spaßigen musikalischen Teil übergehen.

## Arpeggios überlagern, um neue Klänge zu erzeugen

Dieses Buch soll dir meine einfache Methode beibringen, eine Tonalität über eine andere zu legen, um erweiterte, reichhaltigere Klänge zu erzeugen.

Was bedeutet das genau? Im Wesentlichen geht es darum, zwei Dinge, die du bereits kennst, zusammenzuführen, um etwas Neues zu schaffen.

Nehmen wir an, ich spiele einen Am7-Akkord unten am Hals, während du gleichzeitig einen Em7-Akkord im hohen Register spielst. Das Ergebnis der Überlagerung der Noten von Em7 mit Am7 ist eine neue, reichhaltigere Klangfarbe. Für die Theoretiker unter euch: Wir haben den Sound eines Am11-Akkords erzeugt.

Hören wir uns diesen Klang jetzt mal an. Ich kann gar nicht genug betonen, wie wichtig es ist, dass du dir diesen Klang anhörst. Wenn du das noch nicht getan hast, gehe jetzt auf www.fundamental-changes.com, um deine Audio- und Backing-Tracks herunterzuladen.

In Beispiel 1e hörst du mich einen hohen Em7 über einem A-Moll-Groove spielen. Wie findest du diesen Klang? Ich denke, du wirst mir zustimmen, dass er interessanter ist, als wenn ich einfach Am7 über Am7 spielen würde!

**Beispiel 1e**

Nimm dir einen Moment Zeit, um darüber nachzudenken, wie du diesen Sound empfindest und wie du auf seine Klangfarbe reagierst. Gefällt er dir? Ruft er bestimmte Bilder in deinem Kopf hervor?

Da Arpeggios einfach die Noten eines Akkords sind, die nacheinander gespielt werden, können wir auch ein Em7-*Arpeggio* über einem Am7-Groove spielen, um diese Klangfarbe in unsere Soli einzubringen. Beispiel 1f ist eine *melodische* Version des vorherigen Beispiels.

**Beispiel 1f**

Aber wir können nicht nur Em7 über Am7 legen – es gibt viele verschiedene Klangfarben, die wir verwenden können. In der Einleitung habe ich gesagt, dass das Spielen eines Am7-Arpeggios über einem Am7-Akkord eine meiner am wenigsten bevorzugten Optionen ist. Wahrscheinlich wirst du mich eher ein Em7-, Cmaj7-, F#m7b5- oder GMaj7-Arpeggio (einer meiner persönlichen Favoriten) spielen hören.

Gleich erkläre ich, warum diese Arpeggios Optionen sind und woher sie kommen. Bevor wir dazu kommen, möchte ich dir aber erst mal zeigen, wie ich diese Idee in einem Solo anwenden würde.

Ich denke, du wirst mir zustimmen, dass Em7 über Am7 einen ziemlich guten Sound erzeugt, aber natürlich ist es langweilig, in einem Solo nur eine Arpeggio-Form auf und ab zu spielen. Wir müssen diesen Sound mit einigen anderen musikalischen Ideen in ein Solo integrieren.

Um diese Überlagerungsidee in ein kurzes Solo zu integrieren, werde ich sie mit eher standardmäßigen, „sicheren" A-Moll-Pentatonik-Ideen umgeben und dabei in das Em7-Arpeggio hinein- und wieder herausgleiten. Ich werde es mit den Solo-Ideen nicht übertreiben, sodass du die Em7-Arpeggio-Noten klar hören und erkennen kannst, wie sie zum Grundgerüst der Melodie werden.

Es ist wichtig zu beachten, dass ich an einer bestimmten Stelle im Solo an die Em7-Arpeggio-Form *denke* und nicht an Am7 oder die A-Moll-Pentatonik, sodass ich ganz natürlich beginne, diese Em7-Farben in meinem Solo anzustreben.

## Beispiel 1g

Vielleicht sind dir im vorherigen Beispiel ein paar Noten aufgefallen, die nicht zum Em7-Arpeggio gehören, aber ich möchte, dass du verstehst, dass der Schwerpunkt der Linie *auf den Noten von Em7 liegt* und nicht auf dem zugrunde liegenden Am7-Akkord.

Hier ist ein kleiner Trick, um sich zu merken, wie man das Em7-Arpeggio findet, wenn man über Am7 spielt. Du kennst sicher die erste A-Moll-Pentatonik-Box am fünften Bund. Lege einfach deinen Finger auf den 5. Bund der 5. Saite innerhalb dieser Box-Form und gleite dann zum 7. Bund, um das Em7-Arpeggio zu spielen. Das ist schon alles. Sobald du diese einfache Bewegung kennst, um von einer Form zur anderen zu gelangen, hast du den neuen Sound sofort unter deinen Fingern.

**Diagramm 1**

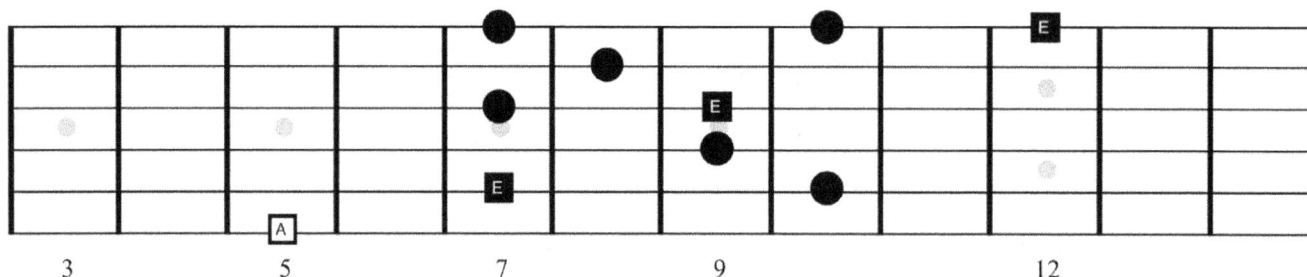

Diese Arpeggio-Form kann jetzt die Grundlage für dein Spiel in A-Moll werden. Später lernen wir, wie man Skalen, Muster und chromatische Noten um diese Struktur herum hinzufügt, und du wirst anfangen, ausdrucksstarke Licks zu kreieren, die auf neuen, reichhaltigeren Zielnoten basieren.

## Weitere Arpeggio-Überlagerungen

Du kannst dich später bei Bedarf näher mit der Theorie hinter diesem Konzept befassen, aber vorerst gehe ich davon aus, dass du ein gutes Verständnis davon hast, woher Tonleitern, Akkorde und Arpeggios kommen.

Kurz gesagt: Wir bilden Akkorde, indem wir die Noten einer Tonleiter in Terzen übereinanderlegen. Dies wird als *Harmonisierung* der Tonleiter bezeichnet. Wendet man diesen Prozess auf eine G-Dur-Tonleiter (G A B C D E F#) an, erhält man die folgenden Akkorde:

| Skalenton | G | A | B | C | D | E | F# |
|-----------|-----|-----|-----|------|----|-----|--------|
| Akkord/Arpeggio | GMaj7 | Am7 | Bm7 | CMaj7 | D7 | Em7 | F#m7b5 |

Wir wissen bereits, dass ein Em7-Arpeggio über einem Am7-Akkord wirklich cool klingt. Schau dir die Tabelle oben an und du wirst sehen, dass beide Akkorde in der Grundtonart G-Dur vorkommen.

Hier ist also dein nächster Lifehack für die Gitarre:

*Du kannst ein Arpeggio, das auf einer **beliebigen** Note einer Grundtonleiter aufgebaut ist, über **jeden anderen** Akkord in dieser Tonart spielen.*

Deshalb funktioniert es, Em7, GMaj7 oder jedes andere Arpeggio aus der Tonart G-Dur über einen Am7-Groove zu spielen.

Welches Arpeggio wir wählen, ist Geschmackssache. Manche klingen besser als andere, daher sollten wir zuerst den Klang jedes Arpeggios ausprobieren.

Ich persönlich mag es nicht wirklich, ein D7-Arpeggio über einem Am7-Akkord zu spielen. Dieser Klang gefällt mir nicht besonders, aber wenn du ihn magst, nur zu! (Ich spiele allerdings sehr gerne das D7-Arpeggio über einem Bm7-Akkord – einem weiteren Akkord aus der Grundtonart G-Dur –, aber darauf kommen wir später noch zu sprechen).

Um eine Arpeggio-Substitution auszuprobieren, nimm dich selbst beim Spielen eines Akkords/Grooves auf, über den du spielen möchtest. Spiele dann eine hohe Voicing-Variante des Akkords, den du überlagern willst. Wenn dieser Akkord über dem anderen gut klingt, eignet er sich hervorragend als Arpeggio für dein Solo.

**Tipp:** Am besten funktionieren Arpeggios, die aus den Noten des ursprünglichen Akkords aufgebaut sind. Am7 enthält die Noten A, C, E und G. Ein guter Ausgangspunkt ist also, die Klänge von Am7, Cmaj7, Em7 und GMaj7 zu erkunden.

Das ist aber keine feste Regel, denn auch ein F#m7b5-Arpeggio klingt zum Beispiel über Am7 super. Lass deine eigenen Ohren urteilen.

Sobald du erkennst, dass jedes Arpeggio der *Grundtonart* über jeden Akkord in dieser Tonart gespielt werden kann, passieren interessante Dinge. Schau dir die Tabelle noch einmal an und du wirst sehen, dass es drei Moll-Arpeggios gibt, die du über jeden Akkord spielen kannst, und zwei davon (Am7 und Bm7) liegen direkt nebeneinander. Das eröffnet dir wunderbare Möglichkeiten, die Geografie des Gitarrenhalses zu nutzen: Alle Am7-Arpeggio-Licks, die du kennst, kannst du um einen Ganztonschritt nach oben verschieben und für Bm7 wiederholen. Wir wollen nicht zu weit vorgreifen, aber fange an, über diese musikalischen Möglichkeiten nachzudenken.

## Die überlagerten diatonischen Arpeggios lernen

Jetzt werden wir einen strukturierten Ansatz verfolgen, um den Klang jedes diatonischen Arpeggios in der Grundtonart G-Dur zu lernen, indem wir es über einen funkigen Am7-Groove auf und ab spielen. Achte darauf, welche Arpeggios deine Ohren aufhorchen lassen - positiv oder negativ! Sobald du einen Klang hörst, der dir gefällt, erkunde ihn genauer und beginne, damit Melodien zu kreieren.

Beginnen wir mit GMaj7 über Am.

Der Trick, um schnell auf diesen Sound zuzugreifen, besteht darin, sich Am7 mit seinem Grundton auf der fünften Saite, 12. Bund, vorzustellen und einen ganzen Schritt nach unten zu gehen, um das GMaj7-Arpeggio vom 10. Bund aus zu spielen.

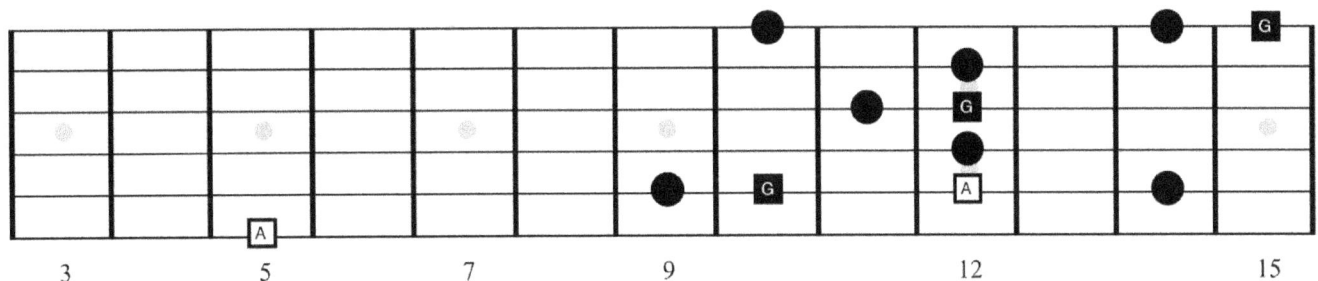

**Beispiel 1h**

**Gmaj7/A**

Es gibt keinen speziellen Trick, um Am7 über Am7 zu spielen! Spiel einfach das Moll-Arpeggio vom Grundton aus. Das klingt ganz gut, ist aber sicher und vielleicht ein wenig vorhersehbar.

**Beispiel 1i**

Das Überlagern von Bm7 über Am7 erzeugt eine interessante erweiterte Harmonie, und es ist nützlich zu wissen, dass es zwei Moll-Arpeggios gibt, die einen Ganztonschritt voneinander erreichbar sind. Du wirst oft hören, wie ich Sequenzen zwischen den beiden auf und ab bewege. Der schnelle Trick besteht darin, einfach einen ganzen Schritt vom Grundton aus nach oben zu gehen.

**Beispiel 1j**

CMaj7 über Am7 ist ein wirklich wichtiger Sound und gehört oft zu meinen ersten Optionen. Der Trick funktioniert in jeder Tonart, indem man sich die Moll-Pentatonik vorstellt und dann zwei Bünde vom ersten Ton auf der fünften Saite nach unten geht, um ein Maj7-Arpeggio zu spielen.

## Beispiel 1k

Probiere als Nächstes D7 über Am7 aus und schau, wie dir der Klang gefällt. Der schnelle Trick besteht darin, vom Grundton von Am auf der sechsten Saite eine Saite nach unten zu wechseln.

**Beispiel 11**

Em7 über Am7 ist eine meiner ersten Klangfarben-Optionen für Solos. Denke daran, dass der Trick darin besteht, sich die A-Moll-Pentatonik-Tonleiter vorzustellen und das Em7-Arpeggio zwei Bünde höher von der fünften Saite zu spielen.

**Beispiel 1m**

Zu guter Letzt ist F#m7b5 ein wirklich cooler Sound, den du über dem Am7-Akkord ausprobieren kannst. Der Trick besteht darin, drei Bünde vom Grundton Am7 auf der fünften Saite nach unten zu gehen. Der Ton A liegt auf dem 12. Bund, also spiele die m7b5-Arpeggio-Form vom 9. Bund aus.

**Beispiel 1n**

Fassen wir zusammen, was wir bisher gelernt haben.

1. Alle Arpeggios und Akkorde in einer Grundtonart sind eng miteinander verbunden, weil sie denselben „Pool" von sieben Noten haben. Das heißt, dass ein Arpeggio, das auf *einer beliebigen Note* der G-Dur-Tonleiter aufgebaut ist, verwendet werden kann, um reichhaltige Klangfarben über *jedem Akkord* in der Tonart G-Dur zu erzeugen.

2. Das Spielen eines anderen Arpeggios über einem Akkord wird als *Überlagerung* bezeichnet, weil du einen Klang über einen anderen legst.

3. Manche Arpeggio-Überlagerungen klingen besser oder interessanter als andere, also musst du deine Ohren benutzen.

4. Diese Arpeggios sind wie ein musikalisches Gerüst oder eine Struktur. Es sind Zielnoten mit bestimmten Klangfarben, mit denen du Melodien bauen kannst.

5. Da jedes Arpeggio auf die gleiche Weise gegriffen wird, passen sie perfekt zu den melodischen Tonleitern und Ideen, die ich später vorstellen werde.

Ich erinnere mich noch gut an den Moment, als ich die Arpeggio-Überlagerung entdeckte. Ich hörte mir Leute wie Frank Gambale und Brett Garsed an und dachte mir: „Meine Technik ist genauso gut wie ihre, warum klinge ich dann nicht so musikalisch?"

Die Erkenntnis kam, als ich anfing, ihre Musik *zu transkribieren*. Ich konnte sofort erkennen, dass sie sehr klare Arpeggio-Formen in ihrem Spiel verwendeten, aber es waren nicht die, die ich erwartet hatte! Anstatt Am7-Arpeggios über Am7-Grooves zu spielen, verwendeten sie Arpeggios wie GMaj7, CMaj7, Em7 und F#m7b5, die einen progressiven, modernen Sound erzeugten.

Als ich feststellte, dass diese Arpeggios aus derselben Grundtonart G-Dur kommen, veränderte sich mein Spiel so schnell, dass es war, als würde ich die „Matrix" sehen! Ich fing an, diese Ideen auszuprobieren, und entdeckte sofort eine ganz neue Ebene der Musikalität in meinem Spiel. Anstatt die vorhersehbaren Klänge und melodischen Ideen zu wiederholen, die ich vorher benutzt hatte, hatte ich eine neue Palette reichhaltiger musikalischer Farben gefunden, mit denen ich nun malen konnte. Das hat meine Sicht auf das Griffbrett und mein Verständnis von Musik total verändert.

Das Tolle daran war, dass ich bereits gelernt hatte, diese Arpeggios auf meine eigene, konsistente Weise zu spielen, sodass ich nur noch meine bestehende Arpeggio-Sprache physisch an eine neue Stelle auf dem Griffbrett übertragen musste.

Im weiteren Verlauf dieses Buches werden wir uns näher mit dieser Idee befassen, und ich werde dir zeigen, wie ich Linien um Arpeggios herum aufbaue, indem ich meine eigenen Skalenfingersätze, chromatische Ideen und vieles mehr verwende.

Wenn du die Arpeggio-Formen auf den vorherigen Seiten verinnerlicht hast, gehe über zum nächsten Abschnitt, in dem wir anfangen, damit richtige Musik zu machen.

## Musikalische Anwendung von überlagerten Arpeggios

Im vorherigen Abschnitt haben wir uns die Klänge von überlagerten Arpeggios angehört, geprüft und gelernt, sie auf einfache Weise über einen Am7-Vamp zu spielen. Jetzt müssen wir diese Arpeggio-Optionen auf musikalische Weise weiterentwickeln und sie nahtlos in unser Spiel integrieren.

Damit jedes Arpeggio wie ein natürlicher Teil unseres Solo-Vokabulars klingt, umgeben wir es mit starken Licks und Phrasen aus der A-Moll-Pentatonik oder der Blues-Tonleiter. Aus diesen beiden Tonleitern lassen sich viele wunderbare Ausdrucksmöglichkeiten ableiten, die wir nutzen werden, um unsere überlagerten Arpeggios *zu umrahmen* und so unser Publikum an die progressiven Klänge heranzuführen.

Damit wir auf dem gleichen Stand sind, zeige ich dir zunächst einige A-Moll-Pentatonik-Ideen, die ich üblicherweise spielen würde. Sie basieren auf der Position am 5. Bund und werden mit der klassischen pentatonischen Box gespielt, die du vielleicht als „Heimatgebiet" betrachtest. Nutze dies als Gelegenheit, um zu hören, wie sie zum Am7-Backing-Track klingen, und um ein wenig von meiner Sprache zu lernen. Diese Licks werden zum Ausgangspunkt, von dem aus du die überlagerten Arpeggios erkunden kannst.

**Beispiel 1o:**

**Beispiel 1p:**

**Beispiel 1q:**

So weit, so gut. Wir haben jetzt ein paar starke Phrasen, die wir über dem Am7-Vamp verwenden können. Nun wollen wir das Ganze noch verbessern, indem wir alles erkunden, was du gerade in diesem Kapitel gelernt hast.

So wie wir die Moll-Pentatonik-Tonleiter als bestimmtes „Territorium" auf der Gitarre betrachten können, eröffnen überlagerte Arpeggios eine Reihe neuer Territorien, die es zu erkunden gilt. Sie führen uns dazu, verschiedene Noten und Klangfarben in unseren Melodien anzustreben. Diese Arpeggios bringen nicht nur neue Klangfarben, sondern werden selbst zu vierstimmigen Grundstrukturen – Gerüste, die wir mit Tonleiternoten, chromatischen Ideen, melodischen Mustern und Licks ausfüllen können.

Mit anderen Worten: Die Wahl des Arpeggios bestimmt die *Tonalität*, und die Modifikationen (Tonleiternoten, chromatische Noten usw.) bestimmen die *Persönlichkeit*.

Die folgenden Beispiele beginnen mit einer starken pentatonischen Melodie, damit sich deine Ohren an die Tonalität gewöhnen können, bevor die überlagerte Arpeggio-Idee neue Klangfarben hinzufügt. Wir lassen das D7-Arpeggio in diesen Beispielen beiseite, da es die am wenigsten nützliche unserer verfügbaren Optionen ist.

Die erste Linie beginnt mit einigen A-Moll-Pentatonik-Phrasen und führt dann ein CMaj7-Arpeggio-Lick über dem Am7-Vamp ein. Du wirst sofort die reichhaltigere Notenwahl über dem Backing hören. Darauf folgt weiteres pentatonisches Vokabular, bevor wir zum Cmaj7-Arpeggio zurückkehren.

Das CMaj7-Arpeggio enthält die Noten C, E, G und B. Drei dieser Noten (C, E und G) gehören zum Am7-Akkord. Die hinzugefügte Note B führt das schön klingende 9. Intervall über dem Grundton A ein.

**Beispiel 1r:**

Nehmen wir ein anderes Arpeggio und hören wir uns an, wie es über Am7 klingt. Hier ist F#m7b5, das die Noten F#, A, C und E enthält. Drei Noten sind im Am7-Akkord enthalten (A, C und E), wobei das F# eine erweiterte Note ist und das 6. Intervall der Tonleiter einführt. Auch hier beginne ich mit einer Moll-Pentatonik-Idee, bevor ich mich in den Bereich von F#m7b5 bewege. Außerdem zerlege ich das Arpeggio rhythmisch ein wenig, damit es sich natürlicher in das Gesamtbild einfügt.

**Beispiel 1s:**

Als Nächstes kommt ein weiteres kurzes Solo, das mit einer A-Moll-Pentatonik-Linie beginnt und dann zu einer Idee übergeht, die auf dem Em7-Arpeggio (E, G, B, D) basiert. Em7 enthält zwei Noten, die nicht in der Am7-Harmonie enthalten sind: die Note B, die wir bereits gesehen haben und die das Intervall der 9.

**Beispiel 1t**

Wie wäre es, wenn du GMaj7 (G, B, D, F#) über Am7 spielst?

Diesmal gibt es nur eine Note, die mit dem Am7-Akkord übereinstimmt (G), und wir fügen die Farbtöne B, D und F# hinzu, die wir alle zusammen verwenden: die 9., 11. und 13. Ich liebe diesen Sound – ich denke, du wirst mir zustimmen, dass es die bisher raffinierteste Überlagerung ist.

**Beispiel 1u:**

Ein weiterer cooler Sound ist das Spielen des Bm7-Arpeggios über Am7. Die Noten in Bm7 sind B, D, F und A, die uns in dieser Reihenfolge die 9., 11., 13. und Grundnote liefern. Diese Überlagerung eignet sich hervorragend, um sequenzielle melodische Ideen von Bm7 um einen ganzen Schritt nach oben und unten zu verschieben.

Hier ist ein Beispiel, das das Bm7-Arpeggio über dem Am7-Vamp vorstellt.

**Beispiel 1v:**

Jetzt bist du dran. Wähle jeweils ein Arpeggio aus und spiele damit ein Solo über den Am7-Backing-Track. Spiele so lange wie möglich, denn ich möchte, dass du selbst *hörst*, wie diese Arpeggios im Kontext klingen.

Vielleicht empfindest du einige davon zunächst als angenehmer für die Ohren als andere, aber auch wenn dir ein Arpeggio nicht sofort gefällt, bleib eine Weile dabei, denn es kann ein wenig dauern, bis sich neue Klänge einspielen. Wir werden diese Arpeggio-Formen später auf viele andere Arten verwenden, daher ist es wichtig, sich mit allen vertraut zu machen, auch wenn sie dir zunächst nicht gefallen. Ich schlage vor, dass du dich zunächst mit CMaj7, dann mit Em7, dann mit F#m7b5 und dann mit GMaj7 beschäftigst, bevor du dich an Bm7 und D7 wagst.

Um anzufangen, spielst du eine Idee in der A-Moll-Pentatonik, dann eine überlagerte Arpeggio-Idee und kehrst dann, wenn du möchtest, zur Moll-Pentatonik zurück. Du kannst so viel Zeit mit der Erkundung jedes einzelnen Arpeggios verbringen, wie du möchtest.

Ein weiterer wichtiger Trick ist, dass es, sobald du einen überlagerten Sound aufgebaut hast, ziemlich einfach ist, alle Arpeggios miteinander zu verbinden und sie auf dem Griffbrett auf und ab zu spielen, sodass du deine Zuhörer mit dem gesamten Tonumfang der Gitarre auf eine Reise mitnehmen kannst.

In diesem Kapitel haben wir uns damit beschäftigt, wie jedes der Arpeggios in der Grundtonart verwendet werden kann, um eine reichhaltige, erweiterte Tonalität über einem Am7-Groove zu erzeugen. Anschließend haben wir jedes Arpeggio in eine melodische Idee verwandelt, indem wir einige Tonleiternoten hinzugefügt und jedem Arpeggio ein Moll-Pentatonik-Lick vorangestellt haben. Allerdings habe ich dir noch nicht viel darüber gesagt, wie ich Skalenideen mit Arpeggio-Strukturen kombiniere. Deshalb werden wir im nächsten Abschnitt besprechen, wie ich meine Skalenformen spiele, bevor wir uns damit beschäftigen, wie ich aussagekräftige Licks entwickle.

# Kapitel 2: Greg Howe Skalenformen

Sobald du die Arpeggio-Formen unter deinen Fingern hast und beginnst, die einzigartigen Sounds zu hören, die sie erzeugen, wenn sie über den Am7-Groove gelegt werden, ist es an der Zeit, die weiteren melodischen Möglichkeiten zu erkunden, die sich durch Hinzufügen von Tonleiternoten um sie herum ergeben.

Was Skalenmuster angeht, wird es dich vielleicht überraschen, dass ich nicht die typischen 3-Noten-pro-Saite-Muster spiele, die in meinem Musikgenre üblich sind.

Stattdessen ordne ich meine Tonleitern so an, dass ihre Griffweisen nahtlos zu den gerade behandelten Arpeggio-Formen passen und dass sie die natürliche Stimmung der dritten (G-)Saite nutzen.

Was mir nie gefallen hat, ist, dass man bei den üblichen Skalen mit drei Noten pro Saite immer diagonal nach oben auf dem Hals spielen muss, sobald man die G-Saite anschlägt. Das fand ich ungünstig, weil ich *selbst* bestimmen wollte, wo ich auf der Gitarre spiele. Außerdem findet man in vielen Skalenbüchern oft Skalen, die Zwei- und Drei-Noten-pro-Saite-Muster kombinieren, wobei sich die Saite mit zwei Tönen jedes Mal ändert. Das gefiel mir nicht, da die ungleichmäßige Verteilung der Töne über die Saiten letztendlich die Art und Weise bestimmte, wie ich meine Melodien phrasierte.

Hier ist zum Beispiel eine gängige Methode, mit der Gitarrenschülern beigebracht wird, die D-Mixolydische Form der G-Dur-Tonleiter zu spielen. Beachte, wie diese Anordnung der Tonleiter deine Hand zwingt, beim Erreichen der G-Saite den Hals hinaufzugleiten.

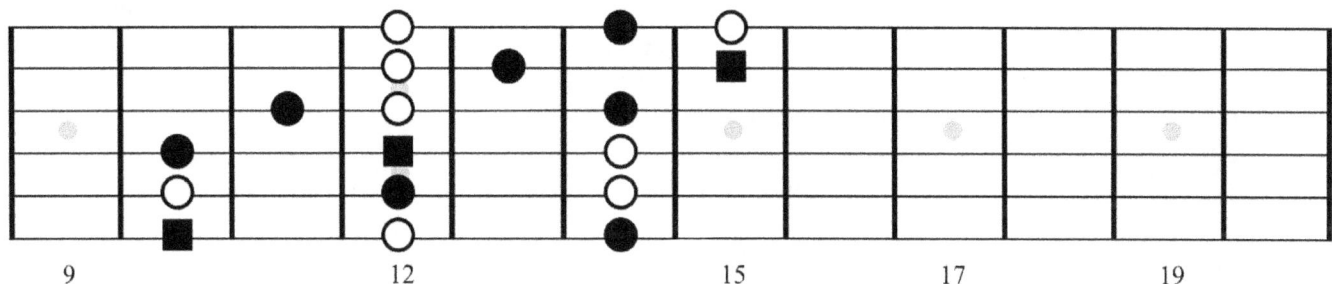

Vergleiche diese Anordnung mit der Art und Weise, wie ich die Noten auf dem Griffbrett anordne, wenn ich in derselben Position spiele. Diese kleine Anpassung bedeutet, dass ich nicht nur in derselben Position bleiben kann, ohne mich auf dem Griffbrett nach oben bewegen zu müssen, sondern dass die Tonleiterform auch perfekt zu meinem Arpeggio-Fingersatz passt (gekennzeichnet durch die schwarzen Punkte auf der Abbildung).

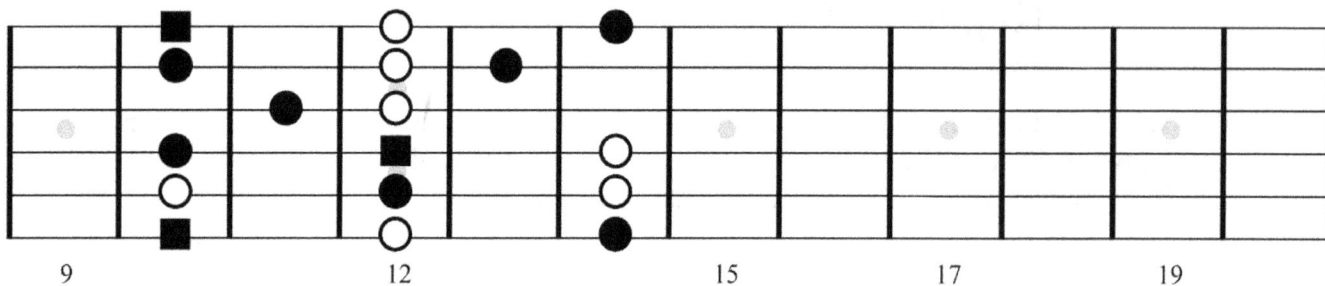

Du kannst sehen, dass die Tonleiterform perfekt zu meinem Arpeggio passt, weil beide zwei Noten auf der G-Saite haben. Außerdem wird die dritte Saite zu einer Art „Rolltreppe", die es mir ermöglicht, meine Position auf dem Griffbrett leicht und flüssig zu wechseln. Wir werden diese Idee zu gegebener Zeit weiter vertiefen.

Ich weiß, dass du wahrscheinlich schon viel Zeit damit verbracht hast, die sieben Formen der Dur-Tonleiter-Modi zu lernen, sodass du vielleicht etwas zögerlich bist, deine Denkweise umzustellen. Aber ich bitte dich, mir zu vertrauen und zu sehen, wie gut das für dich funktionieren kann.

Es sind zwar ein paar kleine Anpassungen an deinem bisherigen Wissen nötig, aber diese Muster sind unglaublich wirkungsvoll und werden dir helfen, ein Gitarrist zu werden, der nahtlos zwischen Tonleiterideen und Arpeggios wechseln kann.

Die folgenden Diagramme zeigen dir die sieben Muster der Modi der Dur-Tonleiter, die ich verwende, gespielt ab der fünften Saite. Ich habe auch die entsprechenden Arpeggio-Formen ab der fünften Saite schwarz hervorgehoben, um dir zu zeigen, wie sie perfekt zusammenpassen.

Ich bringe dir diese Formen von der fünften Saite aus bei, um zu demonstrieren, wie die Tonleitern in die Arpeggios passen, aber ich möchte nicht, dass du die sechste Saite vernachlässigst. Wenn ich also die Tonleiterform absteige, verlängere ich sie zurück auf die sechste Saite.

In der folgenden Notation spiele ich jede Form von der fünften Saite aus auf und ab und spiele dann das dazugehörige Arpeggio, damit du sehen kannst, wie sie zusammenpassen. Das ist eine wunderbare Möglichkeit, sie zu üben.

**Beispiel 2a:**

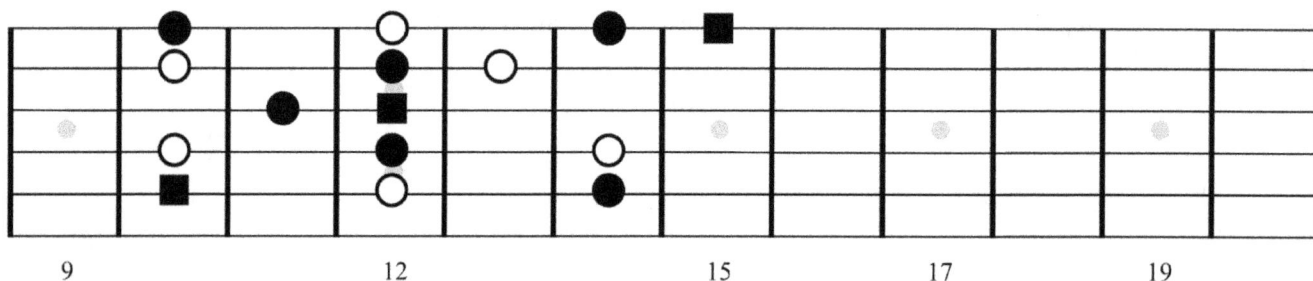

Beispiel 2b:

Beispiel 2c:

**Beispiel 2d:**

**Beispiel 2e:**

**Beispiel 2f:**

**Beispiel 2g:**

Wenn du diese Art, Skalen/Arpeggios zu spielen, noch nie ausprobiert hast, kann es ein bisschen dauern, bis du dich an die kleine Anpassung gewöhnt hast, die für den Übergang von der dritten zur zweiten Saite nötig ist, aber ich bin mir sicher, dass du das schnell draufhaben wirst. In kürzester Zeit wird das einen riesigen Unterschied in deinem Spiel machen. Nimm dir etwas Zeit, um diese Formen zu lernen und zwischen ihnen und den Arpeggios zu wechseln.

Versuche, die Tonleiter aufwärts und abwärts zu spielen und dann umgekehrt. Suche auch nach Punkten, an denen du mitten in der Form leicht zwischen Tonleiter und Arpeggio wechseln kannst. Du kannst das logisch üben, indem du die Tonleiter eine unterschiedliche Anzahl von Saiten aufwärts spielst und dann jeweils zum Arpeggio wechselst.

Um dir den Einstieg zu erleichtern, findest du hier acht Beispiele, die mit einer Skalenlinie beginnen, dann sanft in das Arpeggio übergehen und anschließend wieder zur Tonleiter zurückkehren.

Es gibt zwei Übergangsideen für jede der vier Arpeggio-Formen, die alle über unseren bewährten Am7-Groove gespielt werden.

Die ersten beiden Ideen bewegen sich in das GMaj7-Arpeggio hinein und wieder heraus.

**Beispiel 2h:**

**Beispiel 2i:**

Die nächsten beiden Beispiele bewegen sich in das Em7-Arpeggio hinein und wieder heraus.

**Beispiel 2j:**

**Beispiel 2k**

Versuche jetzt mal, dich in das D7-Arpeggio hinein- und wieder herauszubewegen.

**Beispiel 2l:**

**Beispiel 2m**

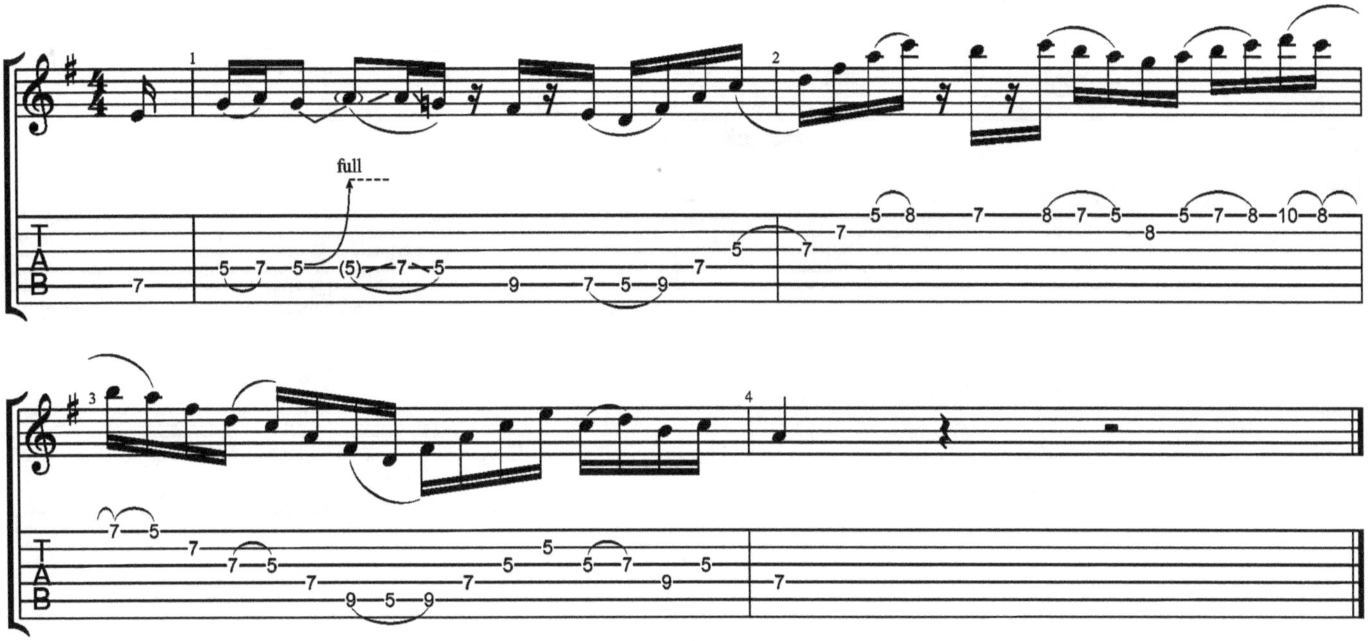


Und hier ist das F#m7b5-Arpeggio.

**Beispiel 2n:**

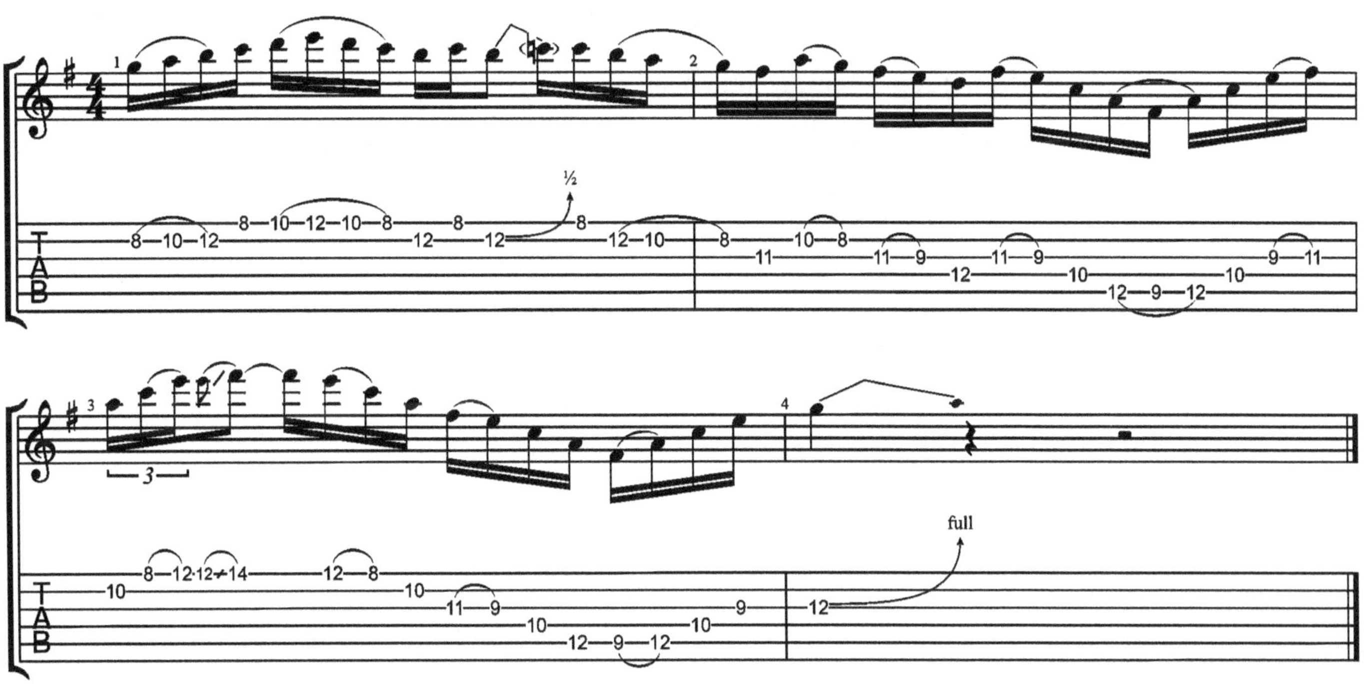

**Beispiel 2o:**

Lass uns kurz zusammenfassen, wo wir stehen. Du weißt jetzt:

- Wie man alle Arpeggio-Formen spielt

- Wie es klingt, wenn du sie überlagerst

- Wie man meine ökonomischen Formen der Modi der Dur-Tonleiter spielt

- Wie man zwischen den Arpeggio-Formen und den Dur-Tonleiter-Formen wechselt.

Jetzt können wir noch tiefer in die coolen Sachen einsteigen – all die Licks, Patterns und die Sprache, die ich um die Arpeggio-Formen herum verwende, um Musik zu machen.

# Kapitel 3: Aufsteigende Linien gestalten

Wir wissen jetzt, dass wir jede Arpeggio-Struktur aus der G-Dur-Tonleiter spielen können, um unsere Melodien und Soli über einem Am7-Groove klanglich zu färben. Wir haben auch begonnen, nahtlos zwischen den vier Haupt-Arpeggio-Typen und den angrenzenden G-Dur-Tonleiterformen zu wechseln.

Die gute Nachricht ist, dass du den größten Teil der Vorarbeit bereits erledigt hast und dich nun der wichtigen (und spaßigen!) Aufgabe widmen kannst, musikalische Linien zu entwickeln, die du in deinen Songs und Soli verwenden kannst.

Die Methode, die wir verwenden werden, besteht darin, Linien um das Grundgerüst der Arpeggio-Formen herum *zu gestalten*. Auf diese Weise behalten wir die Tonalität und Klangfarbe, die sie über dem Backing bieten, bei und verzieren sie gleichzeitig mit Skalenideen.

Ein guter Anfang ist es, zu lernen, wie man das Arpeggio *verschleiert*, indem man eine kurze Tonleiterfolge oder Melodie auf verschiedenen Saiten hinzufügt, während man die Form aufsteigt. Um zu verstehen, wie das funktioniert, schauen wir uns eine Idee an, die auf der CMaj7-Form basiert.

Ich füge einfach eine Idee mit drei Tönen aus der Skala hinzu, bevor ich über das Arpeggio zur dritten Saite aufsteige. Das klingt so:

**Beispiel 3a:**

Jetzt füge ich dieses Muster um die Arpeggio-Noten auf der dritten Saite hinzu und fahre dann mit dem Arpeggio bis zur hohen E-Saite fort, wo ich die Sequenz wiederhole.

**Beispiel 3b:**

Die beiden Muster auf der fünften und dritten Saite sind zwar sehr ähnlich, aber der kleine Unterschied macht das Lick interessanter. Jetzt hören wir uns beide Abschnitte zusammen an.

**Beispiel 3c:**

Lass uns noch mal zusammenfassen, was hier gerade passiert ist. Wir haben die satten Farben der CMaj7-Tonalität über Am7 genommen und die Arpeggio-Noten mit dem umgebenden Tonleitermuster als *Zielnoten* angespielt. Das ist ein wichtiger Schlüssel dafür, wie ich meine Linien konstruiere. Ich denke nicht unbedingt in *Licks*, sondern in kurzen *Tonleiter-Vokabeln,* die auf Arpeggio-Farben aufbauen.

Das nächste verblüffende Konzept, das es zu berücksichtigen gilt, ist, dass man, da unsere Tonleitern und Arpeggios einen einheitlichen Fingersatz haben, genau dieses Muster um jede der vier Arpeggio-Formen spielen kann, indem man einfach die Tonleiternoten an die Tonleiterform in der neuen Position anpasst. Ich zeige dir, was ich meine.

Hier ist dasselbe Muster, aufgebaut um das Em7-Arpeggio am 7. Bund.

**Beispiel 3d:**

Hier ist das Muster, gespielt um die F#m7b5-Form am 9. Bund.

**Beispiel 3e:**

Und hier ist das Muster um die D7-Arpeggio-Form am 5. Bund.

**Beispiel 3f:**

Wir haben einfach das gleiche Vokabular auf alle vier Arpeggio-Typen angewendet und Linien um vier sehr unterschiedliche, überlagerte Farben über Am7 konstruiert – alle mit der gleichen grundlegenden melodischen Idee.

Dies ist eine sehr wirkungsvolle Methode, um diese Sprache in dein Spiel zu bringen, und sie gibt dir sieben verschiedene Farbvariationen auf der Grundlage desselben Fingersatz- und Anschlagmusters.

Die vorherigen vier Beispiele enthalten Arpeggios, die auf vier der sieben Noten der Grundtonart aufgebaut sind. Wir können natürlich die gleichen Muster auch auf die anderen drei Noten anwenden, müssen jedoch möglicherweise kleine Anpassungen an den melodischen Mustern vornehmen, um geringfügige Unterschiede in den Tonleiterformen zu berücksichtigen.

Wenn wir zum Beispiel das Bm7-Arpeggio spielen, müssen wir die folgende Anpassung für die Tonleiterform auf der fünften und dritten Saite vornehmen.

**Beispiel 3g:**

Bei diesem Muster bleiben die Am7- und GMaj7-Arpeggios gleich.

**Beispiel 3h:**

Jetzt, wo du mit der Idee vertraut bist, lass uns dieses Muster auf jeder einzelnen Note spielen, aufsteigend vom 3. Bund auf der fünften Saite, d. h. von CMaj7 bis hinauf zu Bm7 im 14. Bund.

In der Praxis würde ich selten alle meine Arpeggio-Linien mit dem gleichen Muster verbinden – das würde die Möglichkeit zunichtemachen, bestimmte Arpeggios auszuwählen, um bestimmte Farben in einem Solo hervorzuheben. Es ist jedoch eine großartige Übung, um deine Visualisierung der Arpeggios auf dem Griffbrett zu verbessern, und auch eine sehr nützliche Aufwärmübung.

**Beispiel 3i:**

Nachdem wir nun das Grundkonzept behandelt haben, stelle ich dir nun vier meiner Lieblingsideen für aufsteigende diatonische Tonleitern vor, die auf dem Arpeggio von CMaj7 basieren.

Deine Aufgabe ist es, diese zunächst auf die anderen *Arpeggio-Typen* anzuwenden. Beginne mit Em7, D7 und F#m7b5 und spiele sie dann auf jeder der sieben Noten der Tonleiter, wobei du daran denken solltest, kleine Anpassungen vorzunehmen, um die richtigen Noten in der Grundtonart G-Dur zu spielen.

Wenn du etwas hörst, das leicht daneben klingt, liegt das wahrscheinlich daran, dass du die entsprechende Anpassung an das Tonleitermuster nicht vorgenommen hast.

Hier ist ein vollständiges Griffbrettdiagramm von G-Dur, das dir hilft, die richtigen Noten zu finden.

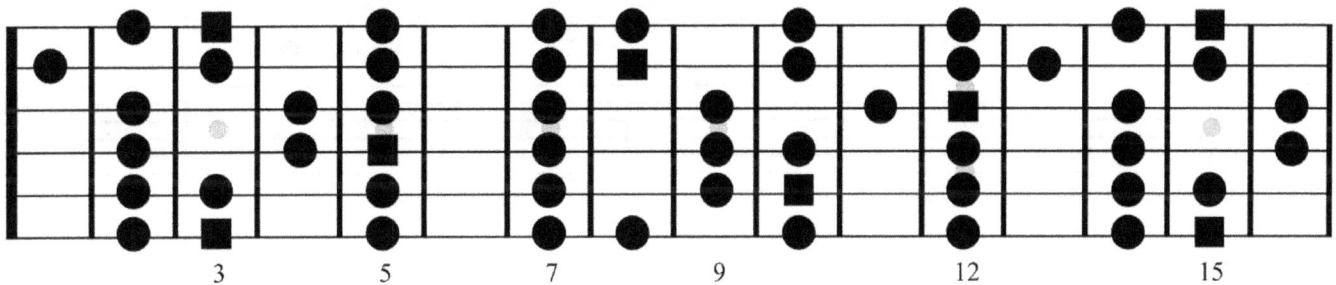

**Beispiel 3j:**

**Beispiel 3k:**

**Beispiel 3l:**

**Beispiel 3m:**

Diese vier Beispiele, die ich dir gezeigt habe, sind nur die Spitze des Eisbergs. Sie sind nur einige von Millionen möglicher melodischer Muster, die du vor, während oder nach den Arpeggio-Noten hinzufügen kannst. Es braucht nicht viel, um das Arpeggio zu verschleiern, und du bist wirklich nur durch deine eigene Kreativität begrenzt.

Wenn ich mein Spiel analysiere, stelle ich fest, dass sich Modifikationen am einfachsten auf Saiten vornehmen lassen, die *nicht* eine Note enthalten. Mit anderen Worten: Ich neige dazu, diese Muster auf der fünften, dritten und ersten Saite hinzuzufügen – aber natürlich kannst du spielen, was immer dir deine Ohren sagen.

Ich möchte dich auch darauf hinweisen, dass diese melodischen Muster sehr lang sind und sich nicht oft in einer perfekten Reihenfolge wiederholen, besonders wenn wir zur dritten Saite kommen.

Auch wenn wir wissen, dass wir Muster spielen, die auf Skalen und Arpeggios basieren, sind sie weniger vorhersehbar und viel länger als die Vier-Noten-Sequenzen, die man im Classic Rock oder im neoklassischen Repertoire hören kann. Aus diesem Grund sind sie für den durchschnittlichen Zuhörer sehr schwer zu erkennen und klingen musikalisch viel flüssiger.

Wir bringen also nicht nur durch den gezielten Einsatz von Arpeggios raffinierte Klangfarben in unser Spiel ein, sondern tarnen sie auch mit langen, artikulierten, etwas unvorhersehbaren und viel melodischeren Ideen. Cool, oder?

Jetzt bist du dran.

Experimentiere selbst und schreibe ein paar eigene Tonleiterideen rund um ein Arpeggio. Übertrage sie dann auf die anderen Formen in der Grundtonart G-Dur. Fange mit kurzen, ähnlichen Melodiemustern auf der fünften, dritten und ersten Saite an, aber versuche dann, andere Muster auf einer dieser Saiten zu spielen, bevor du etwas längere Tonleiterideen spielst.

Vergiss nicht, mit diesen Ideen über die Backing-Tracks zu jammen, damit du sie musikalisch und mit deinen bevorzugten Arpeggio-Substitutionen „ausprobieren" kannst.

Um dir den Einstieg zu erleichtern, hier eine Idee, die die vierte Saite verziert.

**Beispiel 3n:**

Der nächste Schritt besteht darin, zu lernen, diese Ideen nahtlos in unser Spiel zu integrieren, damit wir kontrollieren können, wann sie in unseren Soli zum Einsatz kommen. Du erinnerst dich sicher aus dem ersten Kapitel, dass diese Ideen, wenn wir sie „unvorbereitet" einbringen, manchmal etwas gezwungen oder unbeholfen klingen können, besonders am Anfang, wenn du dich gerade erst damit vertraut machst.

Um diese Ideen flüssig zu lernen, kehren wir zu unserer Methode zurück, vor der Arpeggio-basierten Idee ein A-Moll-Pentatonik-Lick zu spielen und es dann aufzulösen. Dies ist eine natürlichere und „sicherere" Methode, um die Ohren der Zuhörer vorzubereiten, bevor du sie mit deiner Melodie auf eine musikalische Reise mitnimmst.

Ich werde das erste Muster, das wir in Beispiel 3c behandelt haben, als Grundlage nehmen, aber du solltest den folgenden Prozess auf alle Beispiele in diesem Kapitel anwenden, bevor du ihn auf deine eigenen verzierten Arpeggio-Ideen anwendest.

Fangen wir damit an, eine Idee in der A-Moll-Pentatonik zu spielen und dann zum Muster um ein Em7-Arpeggio überzugehen.

Bei den folgenden Übungen habe ich einen flexibleren musikalischen Ansatz gewählt, sodass du hören wirst, dass ich den Arpeggio-Teil des Licks nicht immer genau so spiele, wie er in Beispiel 3c geschrieben steht. Nutze das als Gelegenheit, ein bisschen mehr über mein musikalisches Vokabular zu lernen.

**Beispiel 3o:**

Hier ist eine ähnliche Idee um das CMaj7-Arpeggio herum.

**Beispiel 3p:**

Dieses Mal probieren wir das Pattern um das F#m7b5-Arpeggio herum aus.

**Beispiel 3q:**

Wiederhole diesen Vorgang jetzt für die verbleibenden Arpeggios in der Grundtonart G-Dur, bevor du es mit den anderen Melodiemustern ausprobierst, die wir behandelt haben. Kombiniere es dann mit deinen eigenen Ideen.

## Kombinierte Arpeggios

Jetzt gehen wir noch einen Schritt weiter. Wir werden einige Melodielinien erstellen, die *benachbarte Arpeggio-Paare* kombinieren.

Im folgenden Beispiel beginne ich mit einer moll-pentatonischen Idee, gehe dann zum F#m7b5-Arpeggio über, steige zum GMaj7-Arpeggio auf und löse die Idee dann auf, um eine längere, komplexere Linie zu schaffen.

Achte darauf, *wie* und *wo* ich zwischen den beiden Formen die Position wechsle. Wenn du mit dieser Idee vertraut bist, wiederhole den Vorgang mit einigen der melodischen Ideen vom Anfang des Kapitels. Versuche als Nächstes, dieses Konzept auf verschiedene benachbarte Arpeggio-Paare auszuweiten, um deine eigenen längeren Linien zu erstellen.

**Beispiel 3r:**

Hier sind noch ein paar meiner Lieblingsaufwärtsbewegungen, die zwischen benachbarten Arpeggios übergehen. Das sind nur Ideen, um dir den Einstieg zu erleichtern und dir zu zeigen, wie flüssig wir zwischen den Formen wechseln können.

Wenn du dich mit diesen Klängen vertraut gemacht hast, kannst du viele der moll-pentatonischen Phrasen weglassen und die Überlagerungen natürlicher handhaben.

Die erste Bewegung wechselt zwischen den Arpeggios Am7 und Bm7.

**Beispiel 3s:**

Diese Idee steigt von GMaj7 zu Am7 auf.

**Beispiel 3t:**

Diese Idee beginnt bei CMaj7 und steigt schnell zu Em7 auf.

**Beispiel 3u:**

Probiere jetzt ähnliche Übergänge mit den verschiedenen melodischen Tonleitermustern vom Anfang des Kapitels aus, bevor du deine eigenen Ideen ausprobierst. Denke daran, die gleiche Verzierung nicht identisch auf der fünften, dritten und ersten Saite zu spielen. Tatsächlich führt das Hinzufügen einer kleinen Variation oder eine etwas freiere Ausführung des Musters oft zu musikalischeren Ergebnissen.

Für die letzten Beispiele in diesem Kapitel möchte ich die Dinge ein wenig aufmischen, indem ich dir noch ein paar weitere Möglichkeiten zeige, wie du zwischen Arpeggio- und Tonleiterideen wechseln kannst. Dazu werde ich Tonleiterideen spielen, die auf den unteren Saiten aufsteigen, bevor ich zu Arpeggio-Ideen auf den höheren Saiten übergehe. Ich möchte nicht, dass du denkst, dass die Lick-Strukturen, die wir bisher behandelt haben, alles sind, was ich spiele!

Dieses verzierte Muster arbeitet sich von der fünften zur dritten Saite vor, bis es mit einer zusätzlichen Durchgangsnote zu einem CMaj7-Arpeggio (das sich vom Ende von Takt eins bis in Takt zwei erstreckt) aufsteigt. Dann zielen zwei höhere Noten auf das B des CMaj7 und wir spielen eine Umkehrung des Arpeggios, um den absteigenden Lauf zu beginnen, auf den eine Em7-Umkehrung folgt.

**Beispiel 3v:**

In diesem Beispiel arbeiten wir noch länger mit einer A-Dorischen Tonleiter-Sequenz, bis wir auf Schlag 2 von Takt 2 zu einem GMaj7-Arpeggio aufsteigen und kurz nach Schlag 3 zu einer Am7-Umkehrung absteigen.

**Beispiel 3w:**

Hier ist eine weitere nützliche A-Dorische Sequenz, die diesmal vom b3 des zugrunde liegenden Am7-Akkords ausgeht. Sie steigt allmählich an, bis wir in der Mitte von Takt zwei ein F#m7b5-Arpeggio absteigen.

Beachte, dass ich bei jeder dieser letzten drei Ideen versucht habe, die Linie mit einem starken Akkordton von Am7 abzuschließen – in jedem Fall mit dem Grundton, obwohl die Terz eine ebenso gute Option gewesen wäre. Ein wichtiger Grundsatz beim Erweitern oder Verlassen der Harmonie ist es, auf einem betonten Schlag wieder zurückzukommen, um die Idee für deine Zuhörer zu erden.

**Beispiel 3x:**

Wir beenden dieses Kapitel mit einem 16-taktigen Übungsstück, das all diese Ideen miteinander verbindet. Auf der Audioaufnahme habe ich diese Etüde frei, in meinem eigenen Tempo und ohne Begleitung gespielt, da es mir hier nicht darum geht, dir ein Solo beizubringen. Dies ist eine erweiterte Übung für dich, die zeigt, wie ich Arpeggio-Muster über den gesamten Hals spiele.

Die Übung hilft dir dabei, Arpeggio-Linien in verschiedenen Bereichen des Griffbretts miteinander zu verbinden und diese Formen flüssig auszuführen. Ich habe die Übung im Audiobeispiel in einem recht schnellen Tempo gespielt, aber du solltest sie langsam durcharbeiten, damit sich dein Muskelgedächtnis entwickeln kann, bevor du daran denkst, das Tempo zu erhöhen.

Ich möchte dich auch bitten, bei dieser Übung selbst ein bisschen Detektivarbeit zu leisten!

Wenn du ein offensichtliches Arpeggio-Muster entdeckst, halte bitte inne und finde heraus, welches Arpeggio gespielt wird. Um dir diese Aufgabe zu erleichtern, findest du unten eine Tabelle mit den Noten jedes diatonischen Arpeggios in der Tonart G-Dur.

Denke daran, dass ich manchmal Arpeggio-Umkehrungen spiele, sodass du einfach nach vier Noten in Folge suchst, die zu einem der unten aufgeführten Arpeggios passen. Wenn du zum Beispiel bei Schlag 2 von Takt 3 der Etüde anfängst, wirst du sehen, dass ich die Noten B, G, E, D absteigend spiele. Das ist eine Em7-Arpeggio-Umkehrung. Schau, was du noch entdecken kannst!

| GMaj7 | G | B | D | F# |
|---|---|---|---|---|
| Am7 | A | C | E | G |
| Bm7 | B | D | F# | A |
| CMaj7 | C | E | G | B |
| D7 | D | F# | A | C |
| Em7 | E | G | B | D |
| F#m7b5 | F# | A | C | E |

**Beispiel 3y:**

Im nächsten Kapitel werde ich mehr über meinen Ansatz zum Spielen absteigender Ideen mit diesem System sagen, aber jetzt solltest du erst mal schauen, wie viele kurze Skalenideen du zu aufsteigenden Arpeggio-Linien hinzufügen kannst, und anfangen, sie in deinen eigenen Improvisationen zu verwenden.

# Kapitel 4: Absteigende Linien gestalten

Im letzten Kapitel habe ich dir gezeigt, wie man Arpeggio-Linien mit kurzen Tonleiter-Sequenzen verzieren und verschleiern kann. Wir haben uns auch ein paar einfache Ideen angeschaut, mit denen du lange Muster erstellen kannst, die sich nicht auf eine vorhersehbare Weise wiederholen.

In der Etüde am Ende von Kapitel 3 hast du eine lange Sequenz gespielt, in der ich Arpeggios auf- und absteigen ließ. In diesem Kapitel werden wir uns meinen Ansatz zum Gestaltung *absteigender* Linien genauer ansehen und einige Unterschiede untersuchen, die du anwenden kannst, um deine eigenen einzigartigen Melodien zu kreieren.

Du denkst vielleicht, dass dieses Kapitel einfach viele der vorherigen Ideen in umgekehrter Reihenfolge enthält. Wir werden zwar zu Beginn einige solche Linien behandeln, aber wenn ich mein Spiel analysiere, wird mir klar, dass ich unbewusst einen anderen Ansatz wähle, wenn ich absteigende Linien mit Überlagerungen spiele. Deshalb werden wir schnell zu einigen typischen Linien übergehen, die ich tatsächlich in einem Track spielen würde.

Beginnen wir mit ein paar kurzen melodischen Skalenmustern, die um das CMaj7-Arpeggio herum aufgebaut sind und den zuvor verwendeten Ansatz widerspiegeln. Wir spielen eine kurze Melodielinie, um das Arpeggio auf der ersten, dritten und fünften Saite zu verschleiern.

Ausgehend von einem G auf der ersten Saite (dem b7 der Am7-Harmonie) spielen wir eine neun Noten lange absteigende Skalensequenz, die in eine CMaj7-Arpeggio-Umkehrung mündet, die von der Septime (7.) aus gespielt wird und mit dem Grundton auf der fünften Saite, 3. Bund, endet.

**Beispiel 4a:**

Das folgende Muster beginnt mit dem Grundton Am7 auf der ersten Saite. Wenn wir zum CMaj7-Arpeggio kommen (die letzten vier Noten von Takt eins), fangen wir mit dem Grundton C an, aber die restlichen Noten werden außer der Reihenfolge gespielt. Es ist weniger eine Umkehrung als vielmehr eine vier Noten umfassende Zelle, die die Noten von CMaj7 enthält.

**Beispiel 4b:**

Es klingt schön, die Tonleitersequenz mit einem B auf der ersten Saite zu beginnen, was über Am7 eine Am9-Harmonie impliziert. Die absteigende Sequenz geht direkt in eine CMaj7-Umkehrung über, die von der 7. gespielt wird.

**Beispiel 4c:**

So weit, so gut. Arbeite in deinen Übungsstunden daran, diese Muster auf die anderen diatonischen Arpeggio-Formen anzuwenden, beginnend mit Em7, F#m7b5 und D7. Versuche, deine eigenen Variationen zu kreieren.

In den nächsten drei Beispielen verwende ich ähnliche Muster um verschiedene Arpeggios herum und stelle jedem eine pentatonische Idee voran, um eine zusammenhängende Melodielinie zu bilden, die ich in einem Solo spielen könnte. Lerne auch diese Ideen und probiere sie dann mit verschiedenen Arpeggios und deinen eigenen Variationen aus.

Die erste Linie geht von einer moll-pentatonischen Idee in eine absteigende melodische Em7-Vier-Noten-Zellenphrase über.

**Beispiel 4d:**

Die folgende Idee beinhaltet eine absteigende CMaj7-Phrase – dieselbe vier Noten umfassende Zelle, die wir in Beispiel 4c verwendet haben.

**Beispiel 4e:**

Dieses Lick geht von der A-Moll-Pentatonik in eine absteigende GMaj7-Phrase über.

**Beispiel 4f:**

Die letzten Linien basieren auf derselben Methode wie die aufsteigenden Arpeggio-Ideen in Kapitel 3: Spiele eine kurze Skalenidee auf bestimmten Saiten, um das überlagerte Arpeggio zu verzieren und zu verschleiern.

Du solltest diese Konzepte ausgiebig erkunden, denn sie bieten eine Menge Potential. Wenn ich jedoch mein eigenes Spiel analysiere, stelle ich fest, dass meine absteigenden Phrasen oft mehr Skalenlinien als Arpeggios enthalten (obwohl ich immer noch viel mit Arpeggio-Ideen arbeite).

Um dir zu zeigen, was ich meine, stelle ich dir hier einige absteigende Linien vor, die ich normalerweise spielen würde. Ich habe sie um bestimmte Arpeggio-Formen herum geschrieben, aber das Prinzip, die Muster auf jede beliebige Arpeggio-Form anzuwenden, gilt weiterhin.

Sobald du die einzelnen Muster verinnerlicht hast, wende sie auf ein anderes Arpeggio an und passe sie an die G-Dur-Tonleiter an.

Die erste Linie steigt um das CMaj7-Arpeggio herum ab.

**Beispiel 4g:**

Jetzt eine absteigende Idee um das Em7-Arpeggio herum.

**Beispiel 4h:**

Hier ist etwas, das ich gerne spiele, wenn ich um das F#m7b5-Arpeggio herum absteige.

**Beispiel 4i:**

Diese absteigende Skalenlinie basiert auf dem GMaj7-Arpeggio.

**Beispiel 4j:**

Zum Schluss noch ein paar absteigende Ideen, die zwei benachbarte Arpeggios miteinander verbinden. Diese hier verbindet GMaj7 und F#m7b5.

**Beispiel 4k:**

Diese Linie verbindet die Arpeggios CMaj7 und Bm7 und endet wieder bei Am7.

**Beispiel 4l:**

Wie vorher ist der nächste Schritt, zu lernen, wie man aus dem Vokabular der Moll-Pentatonik in solche Linien übergeht. Ich werde das nicht an jedem Beispiel zeigen, aber hier ist eine flüssige Möglichkeit, aus einer Moll-Pentatonik-Phrase in ein absteigendes Arpeggio-Lick überzugehen. Dieses kurze Solo basiert auf Em7 über dem Am7-Backing.

**Beispiel 4m:**

Dieses Kapitel war etwas kürzer, was aber daran liegt, dass wir die wichtigsten Konzepte bereits behandelt haben und du sicher schon eine gute Vorstellung davon hast, wie du deine eigenen absteigenden Linien entwickeln kannst, indem du dem Arpeggio auf der ersten, dritten und fünften Saite Tonleiterideen hinzufügst. Das soll dich nicht davon abhalten, melodische Ideen auf anderen Saiten zu erkunden, aber dies ist ein guter Ausgangspunkt.

Wie du dich erinnerst, schlage ich folgende zwei Ansätze vor:

1. Spiele eine kurze Tonleiterphrase auf den Arpeggio-Saiten, die nur eine Note enthalten.

2. Spiele Tonleiterideen, die schließlich in eine Arpeggio-Bewegung übergehen.

Wenn du sicherer wirst, wirst du wahrscheinlich weniger pentatonische Phrasen spielen und die überlagerten Klangfarben besser kontrollieren können.

Im nächsten Abschnitt schauen wir uns an, wie du chromatische Noten (Noten außerhalb der Tonart) einbringen kannst, um einen dynamischen, kantigen Sound zu erzeugen.

# Kapitel 5: Chromatische Ideen und weitere Formen

Wir haben uns ein paar coole Möglichkeiten angeschaut, wie man mit überlagerten Arpeggios und Noten aus der Grundtonleiter ausdrucksstarke auf- und absteigende Linien bauen kann. Jetzt will ich dir zeigen, wie du dich ein bisschen weiter vom tonalen Zentrum entfernen kannst, indem du chromatische Noten einbaust, um deinen Linien noch mehr Farbe und Bewegung zu geben.

Oft denken Leute, dass man eine Menge Theorie verstehen muss, um chromatische Ideen zu spielen, aber eigentlich geht es nur darum, die Tonleiterstufen mit einer *Durchgangsnote* zu füllen oder eines von ein paar gängigen *chromatischen Annäherungsmustern* zu spielen, die fremde Noten auf eine Weise einführen, die logisch und melodisch für die Ohren ist.

Schauen wir uns zunächst einige Melodielinien an, die eine Durchgangsnote enthalten.

In der einfachsten Form bedeutet das, dass du zum Beispiel anstatt einfach von C auf D in deiner Melodie zu spielen, die Lücke mit einer chromatischen C#-Note füllst und C, C#, D spielst.

Überall dort, wo es einen Zwei-Bund-Schritt in der Tonleiter gibt, kannst du die Lücke in der Mitte füllen.

Wenn du *alle* Lücken füllst, spielst du im Grunde genommen die chromatische Tonleiter!

Hier sind zwei einfache Tonleitermelodien, die einige Tonleiterlücken mit chromatischen Noten füllen. Eine steigt auf, die andere ab. Beachte, dass die chromatischen Noten dazu neigen, auf den *Offbeat* zu fallen, was ein guter Ausgangspunkt ist, um den Umgang mit diesen Ideen zu lernen. Wenn sich dein Gehör an den Klang gewöhnt hat, wirst du lernen, sie auch auf dem Taktschlag zu platzieren.

Hier ist die aufsteigende Linie:

**Beispiel 5a:**

Und jetzt die absteigende Linie:

**Beispiel 5b:**

Wie du siehst, ist die Theorie hier nicht kompliziert. Um chromatische Noten zu spielen, habe ich einfach die Lücken in der Tonleiter mit einer Note in der Mitte gefüllt. So einfach ist das.

Der einfachste Weg, um zu verstehen, *wie* ich chromatische Durchgangstöne melodisch einsetze, besteht darin, zunächst einige Phrasen aus meinem Vokabular zu lernen und sie in dein Spiel zu integrieren. Die folgenden beiden Linien verwenden wie zuvor Arpeggios und kurze Tonleiterphrasen, aber dieses Mal füge ich auch einige chromatische Durchgangstöne hinzu.

Die erste Linie ist aufsteigend und basiert auf dem Arpeggio von CMaj7.

**Beispiel 5c:**

Die nächste Phrase ist absteigend und basiert auf dem Arpeggio von Em7.

**Beispiel 5d:**

Du kannst diese beiden Ideen als Fingermuster lernen und sie dann auf die anderen Arpeggios in der Grundtonart G-Dur anwenden.

Hier ist ein absteigendes Lick, das auf dem GMaj7-Arpeggio basiert.

**Beispiel 5e:**

Das folgende Lick basiert auf dem absteigenden F#m7b5-Arpeggio.

**Beispiel 5f:**

Die nächste nützliche Methode, um chromatische Noten zu Tonleiterphrasen hinzuzufügen, ist die Verwendung von Mustern mit *Annäherungsnoten*. Wie der Name schon sagt, geht es bei diesem Konzept darum, Akkord-/Arpeggio-Noten anzusteuern, indem man sich ihnen chromatisch nähert.

Das klingt vielleicht ähnlich zu dem, was wir gerade gemacht haben, aber der Unterschied ist, dass wir die Annäherungsnote oft einen Halbton unterhalb einer Arpeggio-Note platzieren. Dadurch entsteht eine neue Art von „*Outside-Inside*"-Muster, das sich um die Arpeggio-Töne rankt. Ein etwas dissonanterer Klang kann erzeugt werden, indem man die Annäherungsnoten einen Halbton *oberhalb* der Arpeggio-Töne platziert.

Auch hier werden chromatische Annäherungsnoten normalerweise zunächst auf einem schwachen Beat gespielt, aber wenn du mehr Sicherheit gewinnst, wirst du feststellen, dass du sie an beliebiger Stelle in deinen Phrasen platzieren kannst.

Hier sind nun neun Melodielinien, die dieses Konzept veranschaulichen. Wir beginnen mit einem Muster, das ich sehr gerne verwende.

Die Töne der dorischen Skala bilden den Rahmen für diese Linie, die auf F# auf der vierten Saite beginnt (für einen Moll-6-Klang über der A-Moll-Harmonie). Du kannst sehen, dass wir auf der dritten Saite mit dem gleichen Dreiton-Gerüst arbeiten, mit Noten auf dem 4., 5. und 7. Bund, aber dieses Mal verzieren wir es mit anderen Tönen. Achte besonders auf die chromatische C#-Note, die die Skalentöne D und C verbindet.

Ab Schlag 3 in Takt 1 spielen wir ein CMaj7-Arpeggio aufwärts. Oft spiele ich ein Arpeggio aufwärts, füge aber vor der letzten Note des Arpeggios noch einen zusätzlichen Ton der Tonleiter ein. Hier habe ich statt C, E, G, B die Töne C, E, G, A und B gespielt. Das fühlt sich hier natürlich an, weil wir die Lücke zwischen dem 3. und 7. Bund füllen. Was wir hier gespielt haben, ist ein fünfstimmiges CMaj13-Arpeggio (die Note A ist die 13.), was mir echt gut gefällt. Die Idee taucht am Ende der Linie (die letzten fünf Noten von Takt zwei) wieder auf.

**Beispiel 5g:**

Ausgehend von der Quinte (5.) des Am7-Akkords fügt diese Tonleiterfolge chromatische Durchgangstöne auf der dritten und zweiten Saite hinzu, zuerst in Takt eins, dann in Takt zwei. Kurz vor der 4. Zählzeit von Takt eins steigen wir mit einem D7-Arpeggio auf.

**Beispiel 5h:**

Die folgende Linie beginnt auf der b7 (G) des Am7-Akkords und geht direkt in einen chromatischen Abstieg über, wobei ein Nicht-Skalenton (F) hinzugefügt wird, um Spannung zu erzeugen. Kurz vor Schlag 3 steigen wir mit einem Em7-Arpeggio auf. Beachte in der folgenden absteigenden Linie die Platzierung der vier chromatischen Noten. Diese Noten verleihen der Linie einen echten Abwärtsimpuls und erhöhen die Spannung, die sich schließlich auflöst, wenn wir am Ende von Takt zwei auf dem Grundton A landen.

**Beispiel 5i:**

Mir gefällt die Form der nächsten Linie sehr gut, da sie ein aufsteigendes und dann absteigendes F#m7b5-Arpeggio verschleiert. Die Linie fließt auf angenehme Weise dahin, und es sind nur zwei chromatische Noten nötig, um das 1/16-Noten-Muster auszufüllen und ein wenig Spannung zu erzeugen.

**Beispiel 5j:**

In dieser Linie, in der wir ab Schlag 3 von Takt 1 ein GMaj7-Arpeggio aufsteigen, habe ich die gleiche Idee wie in Beispiel 5g verwendet und eine E-Note zwischen den Noten D und F# des Arpeggios hinzugefügt, um einen fünfstimmigen GMaj13 zu erzeugen.

**Beispiel 5k:**

Diese agilere Linie, die am Anfang weniger Notenverzierungen hat und sich schneller über die Saiten bewegt, zeigt einen anderen Ansatz, um aufsteigende und absteigende GMaj7-Arpeggios zu verschleiern.

**Beispiel 5l:**

Bisher haben wir viele chromatische Annäherungsnoten von oberhalb der Skalentöne hinzugefügt. Die folgende Linie nutzt chromatische Annäherungsnoten von einem Halbton darunter, wobei speziell A#-Noten gespielt werden, um den B-Skalenton, auch bekannt als die 9. des zugrunde liegenden Am7-Akkords, anzusteuern.

**Beispiel 5m:**

Die nächste Linie bewegt sich innerhalb einer A-Dorischen Tonleiter-Sequenz, bevor sie in eine absteigende GMaj7-Vier-Noten-Zelle übergeht, die mit der letzten Note von Takt eins beginnt. Kurz vor Schlag 2 von Takt zwei steigen wir mit einem F#m7b5-Arpeggio auf. Wir steigen dieses Arpeggio erneut als Umkehrung auf Schlag 3& von Takt zwei auf.

**Beispiel 5n:**

Im ersten Takt dieses letzten Beispiels spiele ich ab Schlag 2 ein F#m7b5-Arpeggio. Durch die Anordnung des Arpeggios auf den hohen Saiten ist Platz für einen zusätzlichen Tonleiterton (ein D zwischen den Tönen C und E des Arpeggios). Im Kontext von F#m7b5 stellt diese „Füllnote" ein spannungsgeladenes #5-Intervall dar, aber da die Linie schnell gespielt wird, löst sich die hohe Spannung sofort auf.

**Beispiel 5o:**

Diese chromatischen Ideen sind praktisch endlos, weil es so viele mögliche Variationen gibt, die wir spielen könnten. Die Linien, die ich dir hier gezeigt habe, sind nur die Spitze des Eisbergs.

Ich möchte dieses Kapitel abschließen, indem ich dir zeige, wie du die chromatischen Konzepte, die wir gelernt haben, auf jeden Bereich des Griffbretts anwenden kannst.

Die Arpeggios von der fünften Saite, die wir behandelt haben, sind zwar definitiv ein wichtiger Bestandteil meiner Herangehensweise an das Komponieren von Musik auf der Gitarre (und waren der Ausgangspunkt für meine eigenen Erkundungen), aber ich habe schnell festgestellt, dass die 2-1-2-1-2-Anordnung der Arpeggios (und die umgebenden Skalenverzierungen) sofort auf viele andere Formen auf der Gitarre angewendet werden kann.

Die folgenden Beispiele zeigen einige meiner Lieblingsideen, die auf diesem Format basieren. Ich beginne jedes Beispiel mit dem Muster in seiner reinen Form. Darauf folgt eine verzierte Version, die manchmal auch chromatische Noten enthält.

Ich werde keine weiteren theoretischen Erklärungen geben, da du inzwischen weißt, wie du diese Ideen nutzen und in verschiedenen Bereichen anwenden kannst. Sie werden alle über den A-Moll-Begleittrack gespielt und stammen alle aus der G-Dur-Tonleiter.

**Beispiel 5p:**

## Beispiel 5q:

## Beispiel 5r:

## Beispiel 5s:

**Beispiel 5t:**

**Beispiel 5u:**

**Beispiel 5v:**

Zum Schluss gibt's hier noch eine 16-taktige Übung, die diese Ideen zu einer Etüde zusammenfasst.

**Beispiel 5w:**

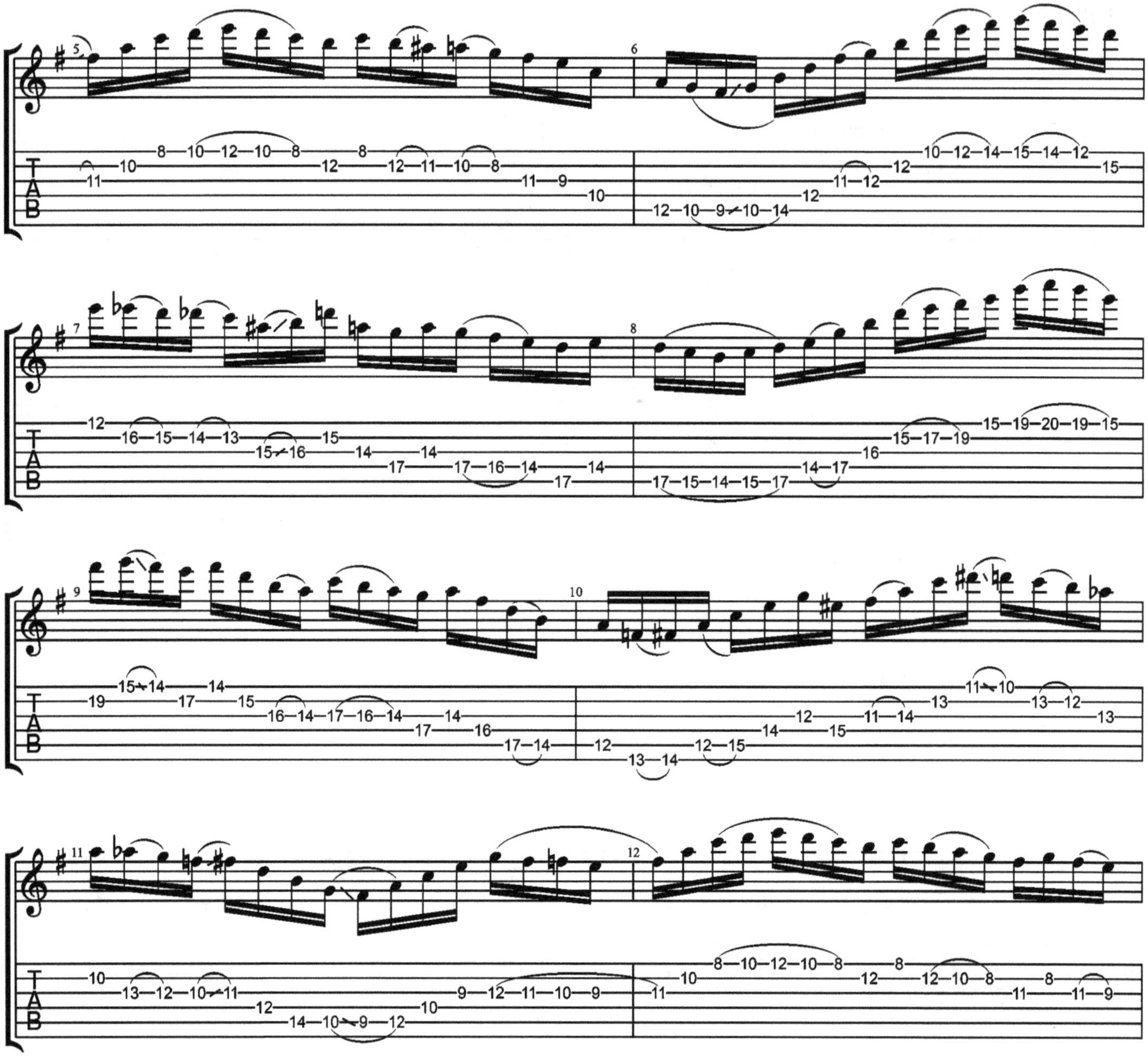

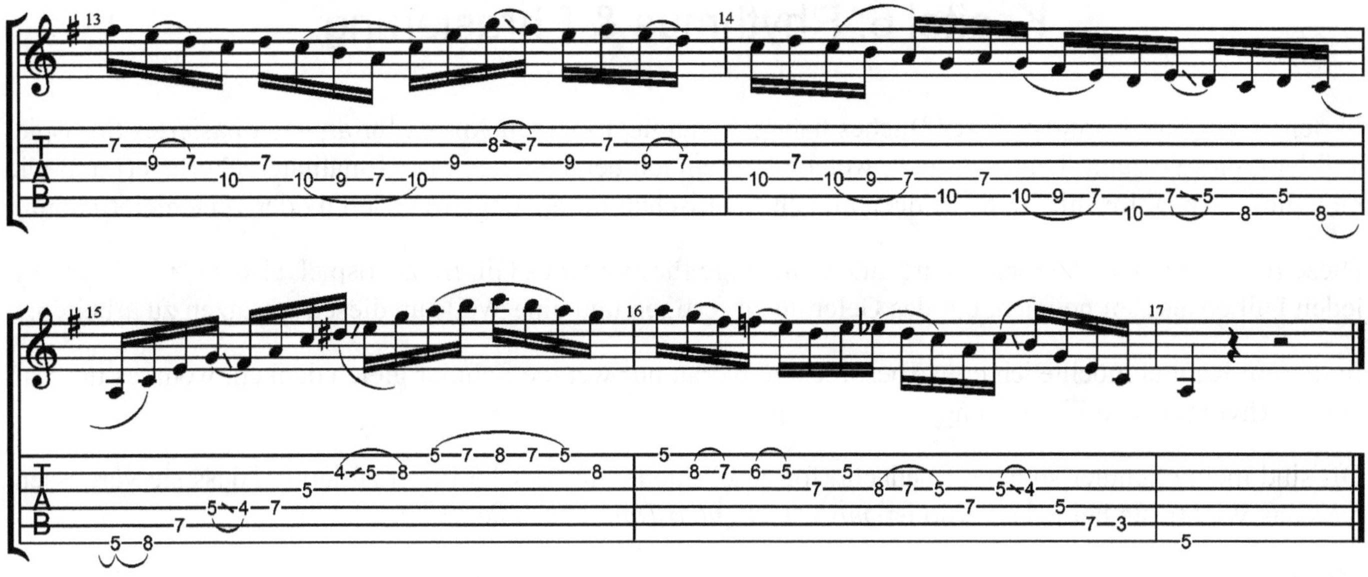

# Kapitel 6: Rhythmus & Phrasierung

In den ersten fünf Kapiteln dieses Buches habe ich viel über meinen Ansatz für arpeggiobasiertes Solospiel auf der Gitarre erzählt. Du weißt jetzt, welche Formen ich benutze, wie man Tonalitäten überlagert und wie man diese Arpeggios mit Tonleiterideen und chromatischen Ergänzungen verzieren oder verschleiern kann.

Diese fünf Kapitel sind definitiv eine gute Grundlage für modernes Gitarrensolospiel, also solltest du dir auf jeden Fall etwas Zeit nehmen, um das Gelernte zu festigen und eine Weile an diesen Ansätzen zu arbeiten.

In diesem Kapitel möchte ich etwas besprechen, woran nur wenige Schüler gleich denken, wenn es um Soli geht – Rhythmus und Phrasierung.

Oft sind meine Schüler so darauf bedacht, fortgeschrittene melodische Ideen zu lernen, dass sie vergessen, dass das Wichtigste bei jedem Solo ist, *mit einem guten Timing* zu spielen.

Man könnte sogar so weit gehen zu sagen, dass die *richtige* Note, die zum *falschen* Zeitpunkt gespielt wird, immer noch eine „falsche Note" ist! Denn in der Musik ist Phrasierung alles.

In diesem Kapitel nehmen wir uns also eine Pause von den Arpeggios und schauen uns ein paar coole Möglichkeiten an, wie du melodische Sprünge und ein bisschen Unvorhersehbarkeit in dein Spiel bringen kannst. Die Idee ist, sich von der *Downbeat*-Phrasierung zu lösen, bei der alle deine Melodien vorhersehbar mit dem Beat übereinstimmen, und sich in Richtung *Cross-Beat*-Phrasierung zu bewegen, bei der dein Spiel rhythmisch viel interessanter wird.

Die Ideen und Übungen in diesem Kapitel zeigen dir einen Weg zu wesentlich interessanterer, rhythmisch abwechslungsreicherer Musik.

Beginnen wir mit einer meiner Lieblingsmethoden, um die Vorhersehbarkeit der A-Moll-Pentatonik-Phrasierung zu durchbrechen und uns von den typischen Linien zu lösen, die man mit dieser Tonleiter hört.

Die Idee ist ganz einfach: Spiele die A-Moll-Pentatonik-Tonleiter auf der dritten Saite (G) und füge jedes Mal auf der zweiten Saite (B) das Quintintervall über jeder Note hinzu. Schauen wir uns zunächst an, wie diese Noten auf dem Griffbrett der Gitarre angeordnet sind.

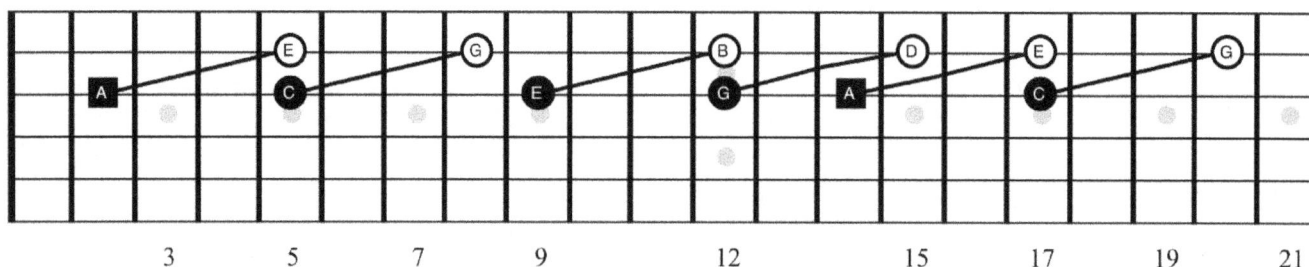

Spiele diese Übung zunächst sehr gleichmäßig und flüssig. Beginne mit dem 2. Bund auf der G-Saite und spiele dann den 5. Bund auf der B-Saite. Gehe zum 5. Bund auf der G-Saite und spiele dann den 8. Bund auf der B-Saite. Wiederhole dieses Muster bis zum Ende des Halses, wie unten notiert.

**Beispiel 6a:**

Jetzt machen wir es etwas interessanter. Beginne mit der Note auf der B-Saite und gehe dann zur Note auf der G-Saite hinab. Spiele einen Slide zur nächsten pentatonischen Note auf der G-Saite und wiederhole das Muster über das gesamte Griffbrett.

Das ist in der Tabulatur definitiv leichter zu verstehen als in Worten zu erklären, also spiele das nächste Beispiel sorgfältig durch.

**Beispiel 6b:**

Hier ist eine absteigende Version der vorherigen Idee.

**Beispiel 6c:**

Du hörst wahrscheinlich schon, dass die natürliche Art der melodischen Phrasierung auf diese Weise aufgemischt wird, selbst wenn du diese Idee in geraden Achtel- oder Sechzehntelnoten spielst. Außerdem klingt es ganz anders als die bluesigen pentatonischen Linien, die man normalerweise spielen würde.

Wir können jedoch für einen noch ausgefalleneren Ansatz eine weitere Zutat hinzufügen, indem wir die hohe Oktave der tieferen Note ergänzen und sie auf der hohen E-Saite spielen.

Dieses Beispiel zeigt, wie du die A-Moll-Pentatonik zwischen den Oktaven auf der dritten und ersten Saite auf- und absteigen kannst.

**Beispiel 6d:**

Jetzt, wo du den Grundton, die Quinte und die Oktave der A-Moll-Pentatonik auf den oberen drei Saiten verortet hast, schauen wir uns ein paar Möglichkeiten an, wie du unvorhersehbare Linien kreieren kannst, indem du beim Auf- und Absteigen zwischen diesen Noten wechselst.

Die erste Linie beginnt auf der Quinte, bewegt sich nach unten zum Grundton, gleitet nach oben zur nächsten Note der Pentatonik, springt zur Oktave und gleitet dann weiter nach oben. Diese Idee setzt sich auf dem Griffbrett fort.

**Beispiel 6e:**

Hier sind vier verschiedene Ideen zum Auf- und Absteigen des Griffbretts, die dieses Konzept des Springens zwischen Oktaven, Quinten und Slides verwenden. Sobald du dich mit diesem Konzept vertraut gemacht hast, sind die Möglichkeiten unbegrenzt und du wirst schnell deine eigenen Linien entwickeln, die große Intervallsprünge mit interessanten, aber unvorhersehbaren Phrasierungen enthalten.

Obwohl diese Linien rein pentatonisch sind, haben wir uns mit Leichtigkeit über simple Blues-Licks hinausbewegt und einen modernen Fusion-Touch geschaffen. Ich liebe diese Ideen, weil sie so klingen, als würde ich viel mehr nachdenken, als ich es tatsächlich tue!

## Beispiel 6f:

## Beispiel 6g:

**Beispiel 6h:**

**Beispiel 6i:**

Es ist wichtig zu erwähnen, dass diese kantigen pentatonischen Linien, genau wie die Arpeggio-Substitutionen, für deine Zuhörer eine gewisse Einführung brauchen. Arbeite also daran, sie so in dein Spiel zu integrieren, dass sie ein wenig kaschiert werden, genau wie wir es mit den Arpeggio-Mustern gemacht haben.

# Kapitel 7 : Cross-Rhythm-Motive

In diesem Kapitel beschäftigen wir uns weiter mit Rhythmus und Phrasierung. Als Gitarristen neigen wir dazu, uns zu sehr auf die Noten zu konzentrieren, *die* wir spielen und vergessen dabei, *wie* wir sie spielen. Beim Solospiel verwende ich gerne rhythmische Ideen, die spielerisch mit dem Takt umgehen und sich über den Beat hinweg verschieben. Ich finde, dass dies eine großartige Möglichkeit ist, Spannung in ein Solo zu bringen und es melodisch interessanter zu gestalten.

Du weißt wahrscheinlich bereits, dass jede Phrase oder jedes Lick, das du spielst, wiederholt und rhythmisch verändert werden kann, um eine neue Idee zu schaffen. Blues-Gitarristen machen das ständig und können aus jeder Idee, die sie spielen, eine Menge herausholen, indem sie das Lick an verschiedene Stellen im Takt verschieben oder die Länge bestimmter Noten anpassen, um die Phrasierung zu verändern.

Meine Herangehensweise an die Erzeugung rhythmischer Spannung ist ein wenig anders, und ich möchte dir eine fortgeschrittene Idee vermitteln, die vielen meiner Schüler geholfen hat, sich sowohl rhythmisches als auch harmonisches Neuland auf der Gitarre zu erschließen.

Im Wesentlichen geht es darum, ein rhythmisches Motiv zu schaffen, das sich über den Takt hinweg verschiebt. Dazu beginnen wir mit einem einfachen Motiv, das, wenn es in einer Schleife gespielt wird, einen cross-rhythmischen Effekt erzeugt. Das ist eine aufmerksamkeitserregende Idee, mit der du dein Spiel von der Masse abheben kannst.

In den folgenden Beispielen zeige ich dir einige zellenartige Motive, die ich gerne verwende. Du kannst diese üben und zu deinem Repertoire hinzufügen, aber ich empfehle dir auch, eigene Motive zu entwickeln. Außerdem zeige ich dir exemplarisch, wie du diese Ideen in ein kurzes Solo integrieren kannst.

Beispiel 7a verwendet das folgende sieben Noten umfassende Motiv, das einige Intervalle mit Saitensprüngen enthält. Die Noten stammen aus einem überlagerten Em7-Arpeggio, und du kannst dir einen Em7-Akkord in der 7. Position vorstellen.

Da wir diese Linie in Achtelnoten spielen, wird das Motiv jedes Mal, wenn wir es wiederholen, um eine Achtelnote „vorgezogen" und erscheint an einer anderen Stelle im Takt. Hier ist das Motiv langsam gespielt.

**Beispiel 7a:**

Und jetzt das gleiche Motiv, das über unseren Am7-Groove läuft. Hier wird es mit Sechzehntelnoten gespielt. Du kannst hören, dass es eine fast hypnotische Wirkung hat, wenn wir die wiederholten Noten des Motivs hören, die sich allmählich über den Takt verschieben.

**Beispiel 7b:**

Beispiel 7c zeigt, wie wir ein Motiv wie dieses nehmen und die Idee durch Ändern bestimmter Noten erweitern können. Wir fangen damit an, dass wir das gleiche Motiv wie in Beispiel 7a spielen. Wenn es wiederholt wird, ändert sich die oberste Note von einem D zu einem C. Beim dritten Mal ändert sich das obere C zu einem A, und es wird auf der zweiten Saite gespielt, sodass wir unsere Hand nicht aus der Position bewegen müssen.

**Beispiel 7c:**

Wir können diese drei Wiederholungen des ursprünglichen Motivs nehmen und sie in beliebiger Reihenfolge mischen, um eine neue, rhythmisch interessante Verschiebungsidee zu schaffen.

**Beispiel 7d:**

Beispiel 7e zeigt, wie ich diese motivische Idee in eine Solopassage einbauen könnte.

**Beispiel 7e:**

Du kannst das Beste aus einer Idee wie dieser herausholen, indem du sie gleich auf ein anderes diatonisches Arpeggio aus der Grundtonart anwendest. Hier wenden wir das Muster auf ein F#m7b5-Arpeggio an. Übe es langsam und gewöhne dich an den Klang dieser neuen Sequenz. Wenn du dich damit wohlfühlst, spiele es in schnellerem Tempo über unseren bewährten Am7-Groove.

**Beispiel 7f:**

Bisher haben wir es eher vermieden, A-Moll-Arpeggios über Am7 zu spielen, aber mit den größeren Saitensprung-Intervallen klingt es ziemlich gut!

**Beispiel 7g:**

Lass uns diese Idee nun übertragen, um ein Bm7-Arpeggio-Motiv über den Am7-Groove zu legen. Wie zuvor solltest du es zunächst langsam lernen, es dann auf Tempo bringen und schließlich über dem Backing Track ausprobieren.

**Beispiel 7h:**

In diesem Beispiel kehren wir zum Em7-Arpeggio zurück, spielen es aber in einem anderen Bereich des Halses und beginnen mit einer anderen Note. Nimm zur Übung die Ideen, die wir bisher verwendet haben, und finde heraus, wo du sie sonst noch auf dem Hals spielen kannst.

**Beispiel 7i:**

Schauen wir uns jetzt eine neue Idee an. In dieser Sequenz gehören alle Noten zu einem Em7add11-Arpeggio (E, G, B, D, A), d. h. einem Em7-Arpeggio mit einer A-Note (11.) in der oberen Oktave.

Hier verwenden wir wieder unsere Motivvorlage, verschleiern sie aber, indem wir sie zwischen einige andere Tonleiterphrasen einfügen. Tatsächlich ist sie so gut versteckt, dass es schwierig sein könnte, sie beim ersten Versuch herauszuhören! Spielt man jedoch ab dem Beat 3& in Takt zwei (das Motiv beginnt mit den letzten drei Noten von Takt zwei), hört man zwei Wiederholungen des Motivs hintereinander.

**Beispiel 7j:**

Hören wir uns an, wie diese Idee klingt, wenn sie in Sechzehntelnoten umgewandelt und schneller gespielt wird.

**Beispiel 7k:**

Als Nächstes nehmen wir dieses neue Muster und wenden es auf das F#m7b5-Arpeggio an. Übe zuerst das Muster in seiner neuen Position. Steigere dann allmählich das Tempo und übe es über den Begleittrack.

**Beispiel 7l:**

Jetzt wenden wir das Pattern auf ein Am7-Arpeggio an.

**Beispiel 7m:**

Hier ist das Muster mit dem CMaj7-Arpeggio.

**Beispiel 7n:**

Hier ist ein Beispiel für eine Solo-Passage, in die das Em7-Arpeggio-Muster eingebettet ist.

**Beispiel 7o:**

In diesem Beispiel ist das CMaj7-Muster in eine kurze Solopassage eingebaut.

**Beispiel 7p:**

Zum Abschluss dieses Kapitels findest du in Beispiel 7q eine 32-taktige Etüde, die du in deinen Übungsstunden durcharbeiten kannst. Sie durchläuft die verschiedenen rhythmischen Motive, die wir behandelt haben, ist aber als eine lange, nahtlose Etüde arrangiert.

Es wird eine Herausforderung sein, das zu lernen und im richtigen Tempo zu spielen, aber es wird dir helfen, sowohl deinen rhythmischen Groove als auch deine Picking-Technik zu verfeinern.

Höre dir zuerst den Audiotrack Beispiel 7q-1 an. Das ist das ganze Solo, langsam und ohne Begleitung. Nutze das, um das Solo durchzugehen und es in überschaubaren Häppchen in einem angenehmen Tempo zu lernen.

Wenn du das ganze Stück gelernt hast, versuche, mit mir zusammen zu spielen, indem du den Audiotrack Beispiel 7q-2 verwendest, bei dem es sich um das Solo in höherem Tempo handelt, das über den Backing Track gespielt wird.

Wenn dir das zu viel erscheint, lass dich nicht entmutigen. Es ist völlig in Ordnung, wenn du dir jeweils nur ein paar Takte aus dem Solo herausnimmst und sie zum Jammen über den Backing Track verwendest. Mein Ziel ist es, dir dabei zu helfen, diese Ideen in dein Vokabular zu integrieren und sie dir zu eigen zu machen. Was für dich am besten funktioniert, ist der beste Ansatz! So oder so, hab Spaß dabei.

**Beispiel 7q:**

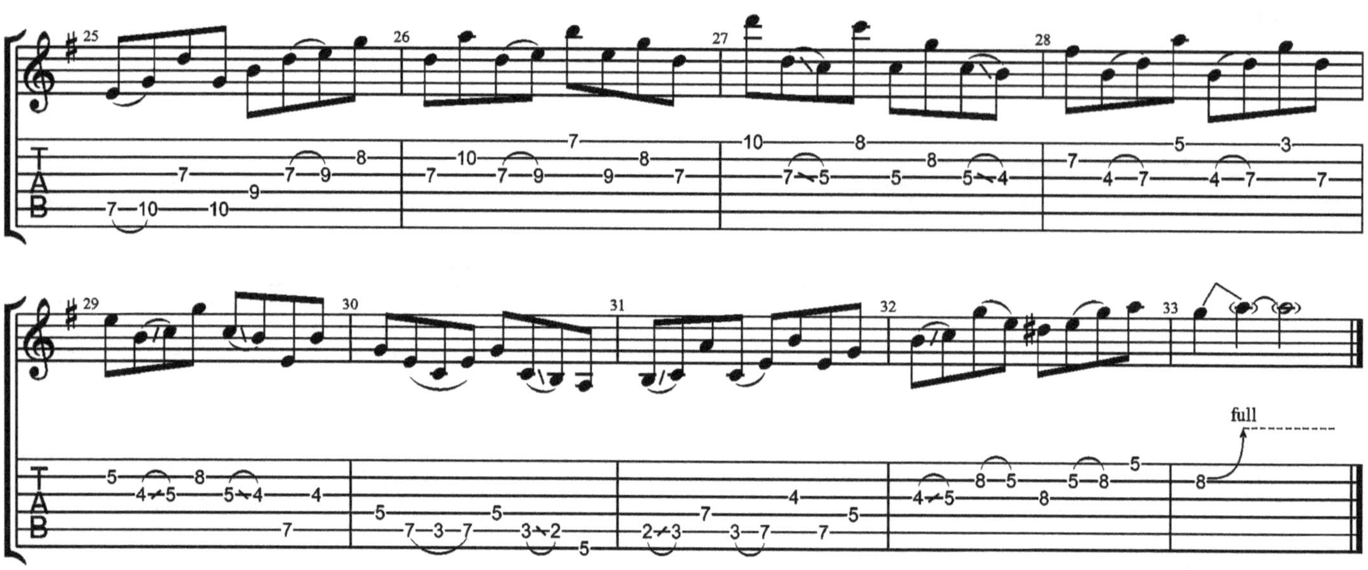
full

# Kapitel 8: Performance-Analyse

Ich möchte unsere Reise mit einer Performance beenden, die alle Ideen enthält, die wir in diesem Buch behandelt haben, zusammengefasst in einem spontan improvisierten Solo über einem Am7-Vamp. Dies ist keine vorab geplante oder lange ausgeheckte „Performance-Übung" – es ist genau das, was ich aus vollem Herzen spielen würde, wenn ich in deinem Studio wäre, du auf Aufnahme drücken und mich bitten würdest, einfach über den Groove zu improvisieren!

Ich habe ein paar Beispiele aus dem Solo herausgegriffen, um bestimmte Ideen hervorzuheben. In diesen Beispielen lässt sich der Gedankengang, der mich leitete, leichter nachvollziehen – auf Grundlage dessen, was du jetzt darüber weißt, wie ich meine melodischen Ideen entwickle.

Das Solo fängt einfach an, aber die Eröffnungsphrase gibt den Ton für das an, was noch kommt. Anstatt mit einem moll-pentatonischen Lick zu beginnen, habe ich mit einem aufsteigenden F#m7b5-Arpeggio angefangen, um einen raffinierteren Am13-Sound zu erzeugen, und konnte dann über einen Slide in eine A-Note auf der zweiten Saite ganz natürlich zu einigen pentatonischen Elementen übergehen.

**Beispiel 8a**

Die nächste Idee, auf die ich deine Aufmerksamkeit lenken möchte, kommt in den Takten 3-4 des Solos. Das ist ein gutes Beispiel für die Art von chromatischen Linien, die ich gerne in meine Soli einbaue. Im ersten Takt haben wir eine kaskadenartige absteigende Linie, dann springe ich im zweiten Takt zurück auf die zweite Saite, um eine Pedalton-Idee zu spielen, die gegen die Noten auf der dritten Saite gespielt wird.

In Takt 1 wird die Eröffnungsphrase (neun Noten) mit Hammer-Ons und Pull-Offs gespielt und verwendet die Noten der A-Blues-Tonleiter. Die nächste kurze Phrase ist eine F#m7b5-Arpeggio-Idee, bei der ich die F#-Note von einem Halbton darüber anvisiere und dann für die restlichen Noten in diesem Takt zur A-Blues-Tonleiter zurückkehre.

In Takt zwei ziele ich wieder auf die F#-Note am Anfang des Takts ab, um eine Moll-6- oder Moll-13-Klangfarbe zu erzeugen. Die einleitende dreitönige Phrase wird einen Halbton tiefer mit chromatischen Noten wiederholt und verschiebt sich dann erneut nach unten, um auf einer E-Note auf der zweiten Saite zu landen – der Quinte des Am7-Akkords.

**Beispiel 8b**

In den Takten 6-8 des Solos spiele ich ein aufsteigendes CMaj7-Arpeggio mit einigen weiten Bends, bevor ich eine absteigende Sequenz spiele. Für diesen absteigenden Lauf benutze ich wieder die A-Blues-Tonleiter.

**Beispiel 8c**

Takt 25 des Solos beginnt mit einer Tonleitersequenz, die in zwei versteckte Arpeggios übergeht. Die ersten sechs Noten dieses Licks stammen aus der A-Dorischen Tonleiter. Die nächsten vier Noten steigen in einem Em7-Arpeggio und die vier darauf folgenden Noten in einem CMaj7-Arpeggio auf, und eine letzte Note der Dorischen Skala rundet den Lauf ab. Ich denke, das ist ein super Beispiel dafür, wie man ein Tonleiterfragment mit zwei überlagerten Arpeggios verbinden kann, um eine Linie zu schaffen, die sich vom Am7-Groove abhebt. Der zweite und dritte Takt runden die Idee mit ausdrucksstarken Bends ab.

## Beispiel 8d

Ein letztes Beispiel. Die Takte 31-33 enthalten eine der schwierigsten Linien des gesamten Solos. Hier stecken zwei Ideen drin: Erstens ein aufsteigendes GMaj7-Arpeggio zu Beginn der Linie, das, wie du dich vielleicht erinnerst, die 9., 11. und 13. des zugrunde liegenden Am7-Akkords hervorhebt – ein wunderschöner Sound. Dieser verbindet sich mit einem Am-Dreiklang und die restlichen Noten im ersten Takt kommen aus einem F#m7b5-Arpeggio, das durch chromatische Noten verschleiert wird.

Im zweiten Takt besteht die zweite Idee darin, die A-Dorische Tonleiter als Rahmen zu verwenden. Hier füge ich Durchgangsnoten hinzu, um die Sequenz auszufüllen, und spiele die Melodie als „Sechs über Vier"-Cross-Rhythmus-Linie. Um das zu lernen, ist es am besten, jeden Takt einzeln zu nehmen und ihn ganz langsam durchzuspielen.

Lerne zuerst einfach die Form der Linie im ersten Takt und finde einen bequemen Fingersatz. Mache dir keine Gedanken darüber, im Takt zu spielen. Sobald du die Notenfolge unter deinen Fingern hast, kannst du anfangen, über die Rhythmen nachzudenken, wobei du weiterhin langsam spielst. Übe mit einem Metronom, und nach einer Weile wirst du ein Gefühl dafür bekommen, ob du hinterherhinkst oder zu schnell spielst, um die Noten vor dem Ende des Taktstrichs unterzubringen. Bleib dran, und du wirst es schaffen.

Wenn du die einzelnen Takte geübt hast, versuche, sie zusammenzufügen. Höre dir dabei immer wieder die Audioaufnahme an, um das Feeling und die Phrasierung zu verstehen.

## Beispiel 8e

Hier ist das komplette Solo. Es gibt einige anspruchsvolle Passagen, die du isolieren und in deine Übungsstunden aufnehmen solltest, um daran zu arbeiten.

## Beispiel 8f – Vollständiges Solo

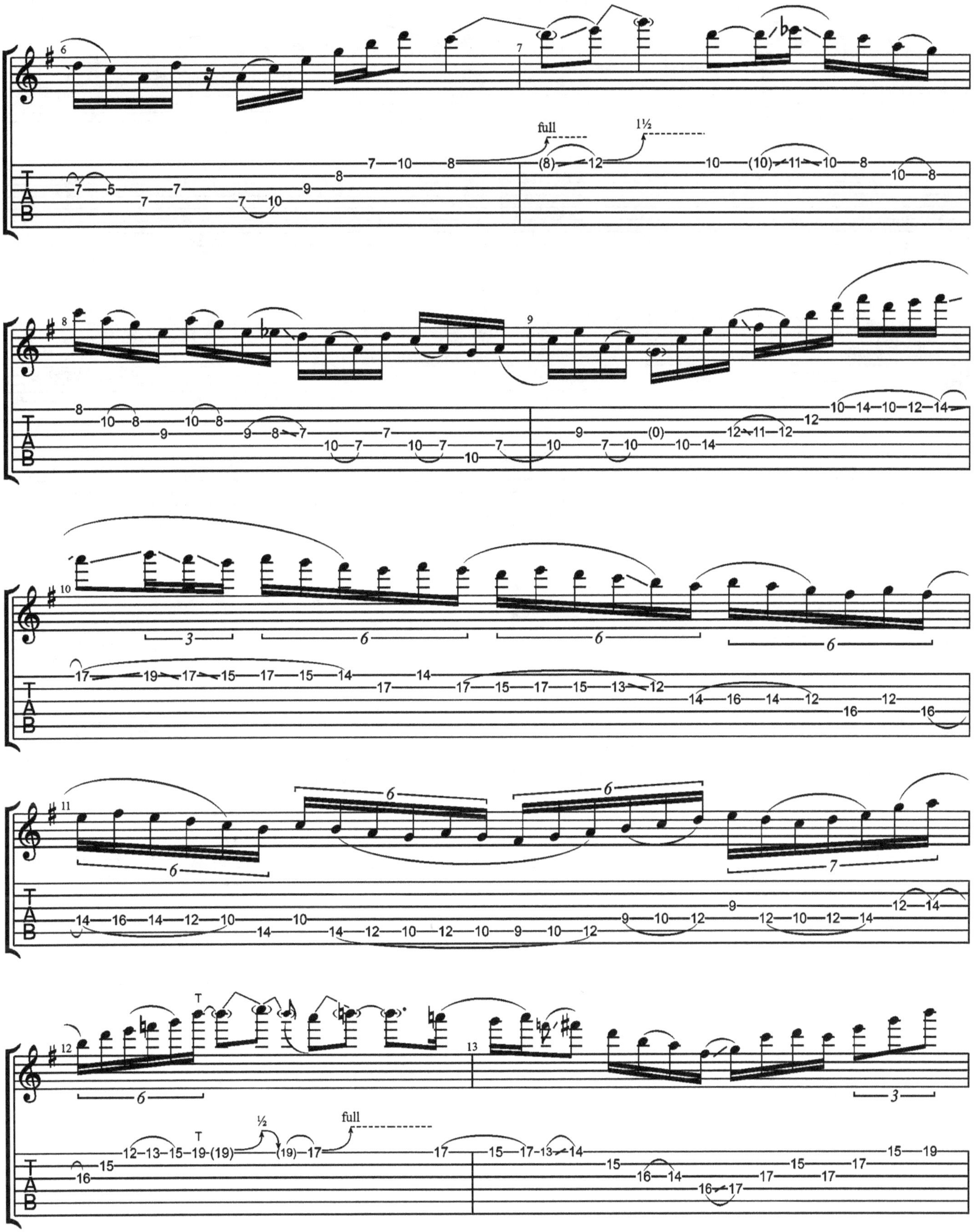
full
1½
T
½
full

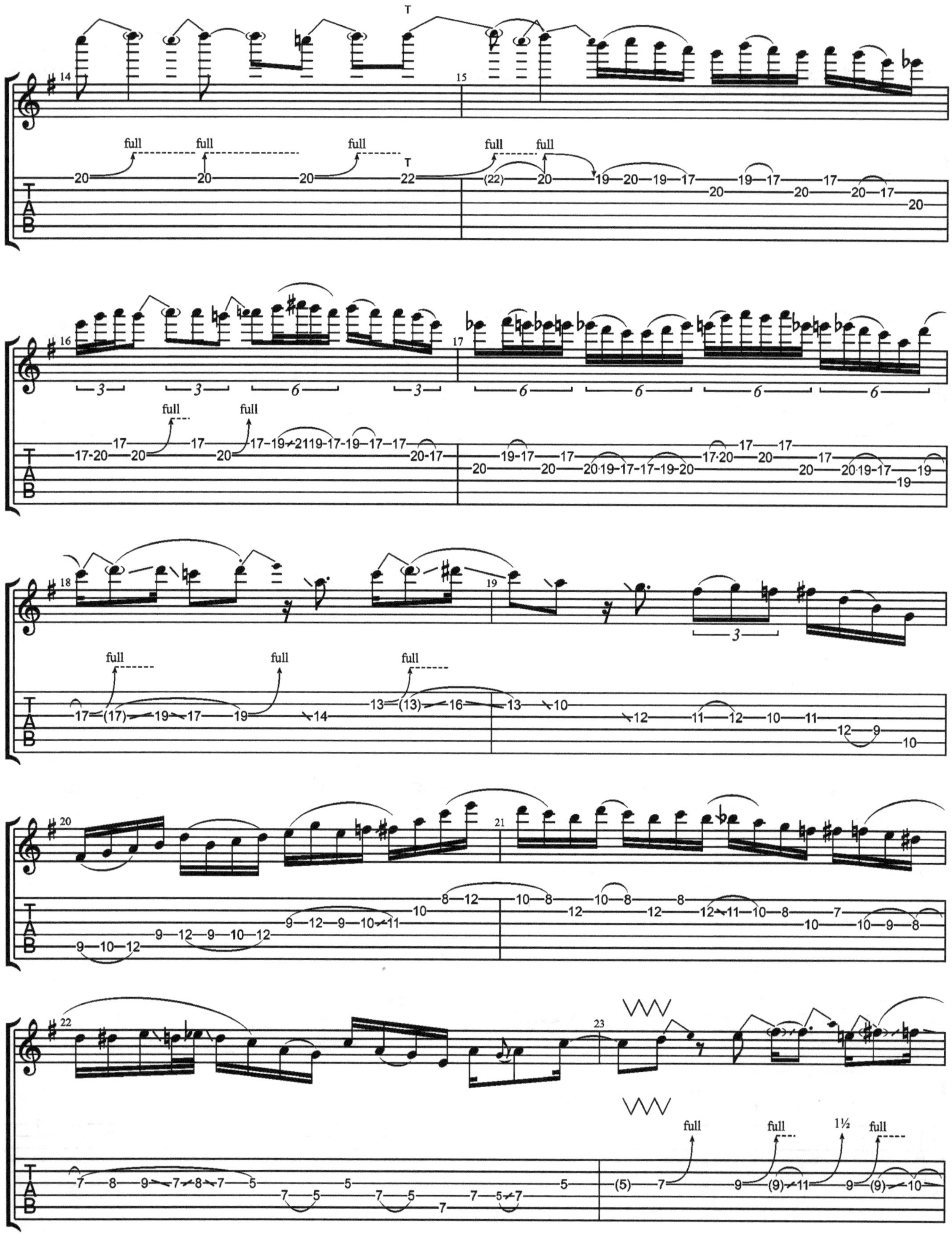
T
full
1½
TAB

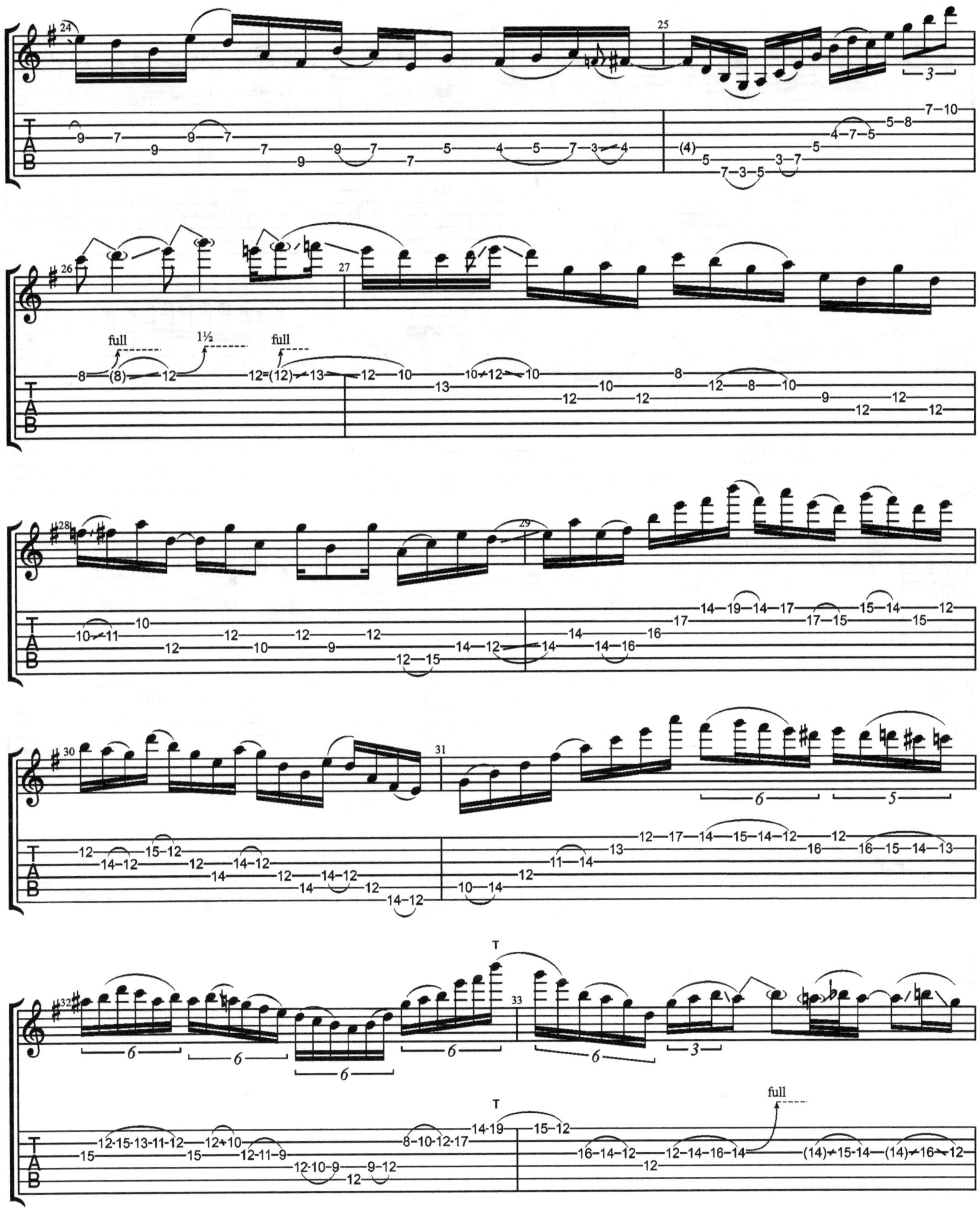
full
1½
full
T
T
full

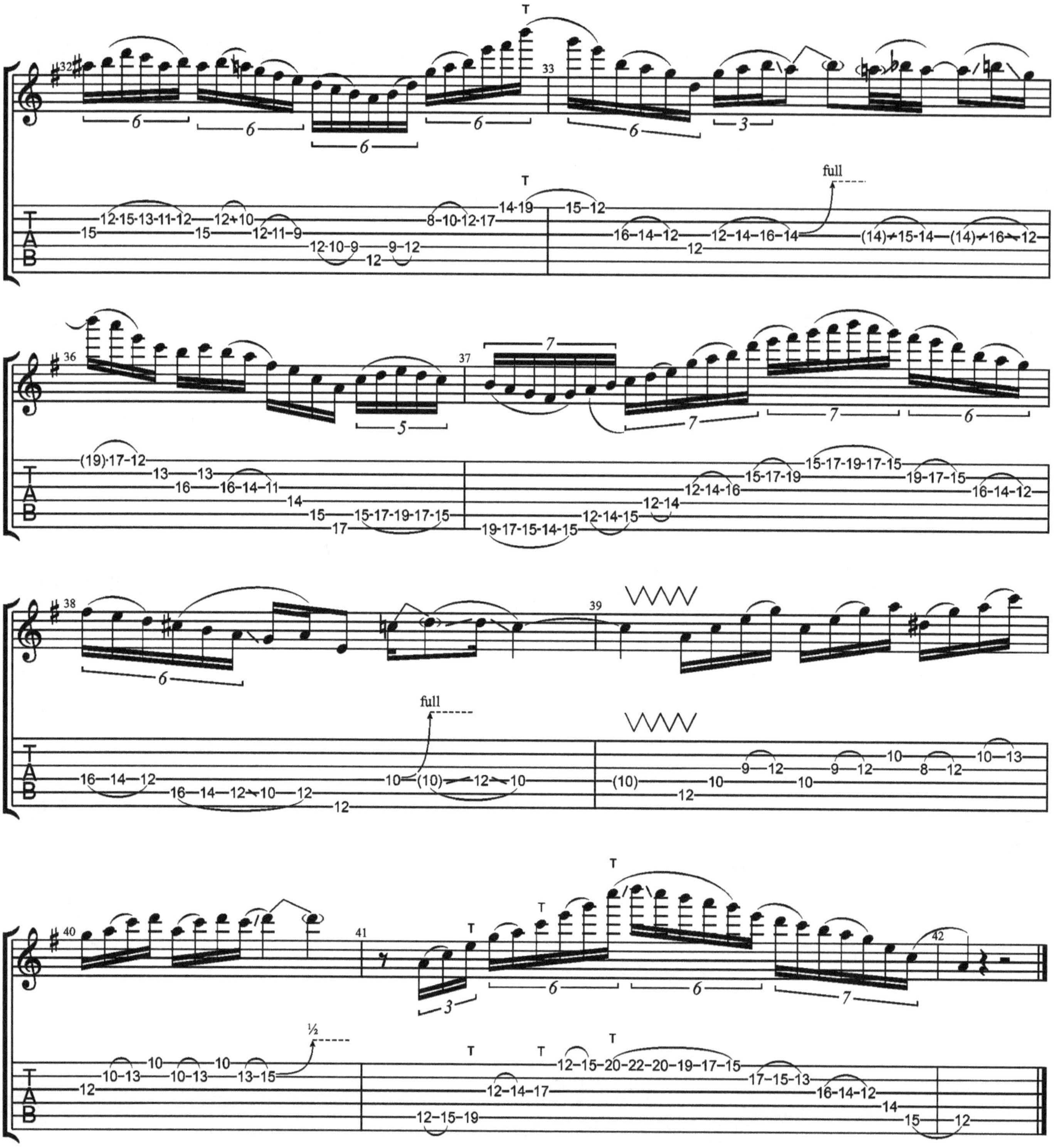
T
full
½

# Fazit

Wow, was für eine Reise. Wenn du es bis zum Ende dieses Buches geschafft hast, kennst du im Prinzip den Kern meiner Gedanken zum Solospiel. Wir haben alles behandelt, vom Neudenken von Arpeggios und dem Überlagern von Sounds bis hin zu Phrasierungsideen, die echte Bewegung und Farbe in deine Linien bringen. Es ging nie darum, um jeden Preis schwierigere Licks zu spielen. Es geht darum, deine Soli planvoller zu gestalten und ihnen mehr Tiefe und Charakter zu verleihen.

Wir haben mit der Idee angefangen, Arpeggios über einen Akkord zu legen, um verschiedene harmonische Texturen zu erschließen. Anstatt dasselbe Arpeggio wie den zugrunde liegenden Akkord zu spielen, hast du jetzt eine Handvoll kreativer Optionen, die sofort musikalischer klingen. Dann haben wir uns angesehen, wie man meine persönlichen Skalenformen, die auf konsistenten Fingersätzen basieren, integrieren kann, um reibungslos zwischen Tonleitern und Arpeggios zu wechseln. Von da an ging es darum, fließende Linien zu entwickeln: aufsteigende Licks, die das Arpeggio durch Tonleitersequenzen verschleiern, und absteigende, die sich frei und ausdrucksstark anfühlen, aber dennoch die richtigen Noten treffen.

In den weiteren Kapiteln haben wir noch mehr Farbe ins Spiel gebracht. Chromatische Durchgangstöne, Halbtonschritte, kleine Kniffe, mit denen du dich aus der Tonalität hinausbewegen und dann wieder zurückkehren kannst. Diese Dinge sorgen für Spannung und lassen deine Soli interessanter klingen, ohne dass du dir zu viele Gedanken machen musst. Die große Veränderung kommt jedoch oft, wenn sich die Spieler auf Rhythmus und Phrasierung konzentrieren. Ich sage immer, dass die richtige Note zur falschen Zeit immer noch eine falsche Note ist. Also haben wir Zeit damit verbracht, das Vorhersehbare zu durchbrechen, Phrasierungsideen mit einfachen Intervallen auf neue Weise zu entwickeln und Grooves und Linien zu schaffen, die sich über den Beat hinweg bewegen, anstatt direkt darauf zu fallen.

In diesem ganzen Buch wollte ich dir Werkzeuge an die Hand geben, die anspruchsvoll klingen, aber überraschend einfach anzuwenden sind, wenn man sich erst einmal mit ihnen beschäftigt hat. Ich hoffe, du siehst jetzt, wie du mit diesem System ein starkes Gerüst für deine Soli aufbauen kannst, während du gleichzeitig völlig offen für deine eigene Kreativität bleibst.

Und jetzt? Probiere es einfach aus. Nimm die Ideen aus diesem Buch und wende sie auf andere Tonarten, andere Grooves und andere Genres an. Wenn du über einem Dur-Akkord spielst, versuche mal, ein IIIm7- oder V7-Arpeggio einzubauen. Experimentiere mit deinen Skalenformen. Schreibe neue Licks mit denselben Fingersätzen. Füge Hybrid Picking oder Legato hinzu oder was auch immer sich für dich natürlich anfühlt. So findest du deinen eigenen Stil. Ich wusste schon früh, dass ich nicht der Schnellste sein würde, also habe ich mich auf Harmonie und Komposition konzentriert. Ich wollte die Tiefe und Phrasierung von jemandem wie George Benson, aber mit der Energie des Rock. Auch du kannst deine eigene Version davon entwickeln.

Wenn du nach den nächsten Schritten suchst, nimm dir Zeit, dich mit diesen Ideen vertraut zu machen. Spiele sie über einfache Vamps. Entwickle zunächst Flüssigkeit, bevor du dich an komplexere Dinge wagst. Und wenn du bereit bist, wende diese Konzepte auf Progressionen mit wechselnden Akkorden an. Du wirst erstaunt sein, wie schnell es sich so anhört, als würdest du die Harmonie umreißen, nur indem du kluge Arpeggio-Entscheidungen triffst. Hör dir auch andere Spieler an. Transkribiere Soli. Achte darauf, wie andere Gitarristen phrasieren, wie sie Spannungen auflösen, wie sie Rhythmus einsetzen. Ein bisschen Musiktheorie kann auch helfen, besonders wenn du neugierig auf melodische Moll-Tonarten und andere harmonische Optionen bist.

Aber vor allem: Hab Spaß dabei. Wenn dir etwas Spaß macht, wirst du es öfter machen. Wenn du es öfter machst, wirst du schneller besser. Diese Ideen bleiben nur dann wirklich hängen, wenn du sie nutzt, um Musik zu machen, die du liebst. Jamme, nimm dich selbst auf, experimentiere. Mit der Zeit werden diese Werkzeuge Teil deines eigenen Stils werden. Und dann wird es wirklich aufregend.

Ich hoffe, das war inspirierend und nützlich für dich. Stelle weiterhin Fragen, erkunde weiterhin Sounds und entwickle weiterhin deinen eigenen Stil. Wenn sich etwas unter deinen Fingern gut anfühlt und für deine Ohren gut klingt, vertraue darauf. Dort beginnt die Magie. Danke, dass du mich begleitet hast. Ich drücke dir die Daumen.

Viel Spaß!

*Greg*